Achim Tacke

landpartie

Erlebnistouren an der Nordseeküste
Niedersachsen

NDR   belser

Inhalt

Abbildungen Umschlag

Vorderseite: Greetsieler Zwillingsmühlen © fotografci – Fotolia;
Heike Götz © Ingo Wandmacher

Rückseite (v. l. n. r.) oben: Pilsumer Leuchtturm © greenpapillon –
Fotolia; Langeoog © Andreas Falk;
unten: Greetsiel © Touristik GmbH Krummhörn Greetsiel;
Bremerhaven © Delderfield / Klimahaus

Bibliografische Information der Deutschen Nationalbibliothek
Die Deutsche Nationalbibliothek verzeichnet diese Publikation
in der Deutschen Nationalbibliografie; detaillierte bibliografische
Daten sind im Internet über http://www.dnb.d-nb.de abrufbar.

Lizenziert durch Studio Hamburg Enterprises GmbH

Projektleitung und Redaktion: Dirk Zimmermann
Bildrecherche: Linda Weidenbach
Gestaltung und Produktion: Verlagsbüro Wais & Partner, Stuttgart
Druck und Binden: Print Consult, München

www.belser.de

ISBN 978-3-7630-2765-1

MIX
Papier aus verantwor-
tungsvollen Quellen
FSC® C084279

Liebe Leserinnen und Leser,

raus aus der Stadt – raus aus dem Alltagsstress und ab an die Nordsee. Die frische – und vor allem gesunde – Luft, rauschende Wellen und ein endloser Himmel, dazu im Hafen Krabben direkt vom Kutter puhlen oder eine ostfriesische Teezeremonie in einer der vielen Teestuben genießen. Schöner kann ein Urlaub an der Küste kaum beginnen! Gastfreundschaft hat bei den Friesen eine lange Tradition und der Tee gehört immer dazu. Das Land zwischen Meer, Marsch und Geest kannten schon die alten Römer und begegneten den Friesen voller Hochachtung. Stolz, zuweilen eigenwillig, aber immer der Welt zugewandt, so zeigen sich die Menschen hier. Schließlich haben sie ja Weitblick – bis zum Horizont. Und wenn Heike Gotz mit ihrem Fahrrad die Küste und das Hinterland entdeckt, sind es immer „Landpartien" zwischen Geschichte und Gegenwart. Da stellt sie ihr Rad vor dem Schloss zu Jever ab und erfährt viel über die Häuptlinge, die einst Friesland regierten. Dann geht es weiter. Der hohe Norden ist ideal für Radfahrer. Ob auf dem Deich oder in Marsch und Moor – mit dem Fahrrad erschließt sich erst richtig die Vielfalt der Küstenregion. Dabei entdeckt Heike Götz immer wieder Orte, die

Besonderes zu bieten haben. Grünkohl ist nicht nur Grünkohl. In Ostfriesland gibt es die „Ostfriesische Palme". Gute zwei Meter wird sie groß und ist eine lokale Spezialität, die gerade nach einer Boßeltour hervorragend schmeckt. Spezialitäten gibt es auch im Moor, so etwa den Buchweizen! Früher Grundnahrungsmittel der armen Moorbewohner, heute eine Köstlichkeit während einer Radtour.

Und dann sind da ja auch noch die Inseln mit ihren endlosen Stränden, den Dünen und dem Wattenmeer. Die meisten von ihnen sind autofrei. Eine angenehme Zeitreise mit Kutsche und Pferd. Schon vor über 200 Jahren entstanden die ersten Kurorte. Was damals dem Adel und den Reichen vorbehalten war, ist heute für viele erschwinglich. Zu einem Inselbesuch gehört natürlich auch eine ausgedehnte Wattwanderung. Diese Landschaft ist ein einzigartiger Lebensraum, der zum Weltnaturerbe erklärt wurde. Heike Götz stiefelt durch Priele, geht über Sandbänke und stapft durch den Schlick, um dieser ganz besonderen Welt näherzukommen. Dies ist auch immer wieder und bei jeder „Landpartie" des NDR Fernsehens ihr Motiv, um den Norden noch etwas besser kennenzulernen. Heike Götz nimmt die Zuschauerinnen und Zuschauer mit auf ihre Reisen, lädt sie nicht nur am Bildschirm ein, ihr zu folgen, sondern gibt Tipps, sich selbst auf den Weg zu machen. Mal ganz im Vertrauen: Auch ich habe schon mit meiner Familie so manche Tour auf den Spuren der „Landpartie" unternommen und war stets begeistert. Deshalb kann ich Ihnen nur empfehlen, Heikes Rat zu folgen: Kommen Sie mit auf meine „Landpartie"!

Frank Beckmann
Programmdirektor NDR Fernsehen

Cuxhaven und das Cuxhavener Land mit Neuwerk

Nordsee

Scharhörn
Nigehörn
Deutsche Bucht
Neuwerk
Duhnen • ● **Cuxhaven**
Sahlenburg ●
Altenwalde ● ● Otterndorf
Land Hadeln
● Ihlienworth
Ahlenmoor
Land Wursten
Elbe
Oste

Spiekeroog
Wangerooge
Minsener Oog
Mellum

Wattenmeer UNESCO-Weltnaturerbe
● Dorum
● Wremen

● Bad Bederkesa

Weser
Geeste

Wilhelmshaven ●

● **Bremerhaven**

Grau- und Nonnengänse haben es gut. Sie können sich die
Deutsche Bucht in aller Ruhe aus der Vogelperspektive ansehen.
Wo sich Elbe und Nordsee treffen, tummeln sich Containerschiffe,
Kreuzfahrtschiffe und schicke Yachten. Aber auch zu Fuß, per
Rad oder mit dem Auto lohnt ein Besuch an der Deutschen Bucht.
Wer möchte, begibt sich ins Watt. Zu Fuß nach Neuwerk – die
Hamburger Insel. Schneller geht es mit der Kutsche. Das Cuxhave-
ner Land und die Insel Neuwerk haben eine bewegte Geschichte –
und die nicht nur auf dem Wasser. Die schon früh sehr bedeutende
Handelsroute in die weite Welt lockte einst auch Wikinger und
Seeräuber. Wesentlich gemütlicher geht es heute zu. Im Hinterland
blüht eine vielseitige Landwirtschaft. Leckere Spezialitäten der
Region finden die Besucher in den Hofläden und auf dem Landfrauenmarkt. Gestärkt geht es durch Moor, Geest und Marsch bis
an die Küste. Die Strände laden zum Baden ein. Die klare Luft
prickelt angenehm auf der Haut und der gigantische Himmel
bietet ein einzigartiges Farbenspiel. Der Alltagsstress ist bald vergessen getreu dem Motto: Gott hat die Zeit geschaffen, von Eile
hat er nichts gesagt.

Neuwerk – eine Welt für sich

Von Neuwerk geht es mit 2 PS durchs Wattenmeer zurück ans Festland. Als letzter Gruß der Insel – der alte Leuchtturm.

Hamburg Tourismus GmbH

Wexstr. 7
20015 Hamburg
Tel.: 040/300 51-300
www.hamburg-tourismus.de

„So, jetzt fahren wir mal nach Hamburg Mitte!", grinst der Kutscher und setzt den Wattwagen mit den beiden Pferden davor in Bewegung. Einige Gäste schauen sich irritiert um, andere lächeln. Hamburg? Erzählt der Kutscher Seemannsgarn? Hamburg ist doch über 100 Kilometer entfernt. Schnell klärt sich der Schnack auf. Die Insel Neuwerk gehört zu Hamburg – und zwar zum Stadtteil Mitte.

Der Wattwagen startet von **Sahlenburg,** einem Ortsteil von Cuxhaven. Obwohl die Sonne scheint, ist es ratsam, sich mit einer Decke gut einzupacken, denn der Wind über dem Watt hat es in sich. Der Ausblick vom hohen Wagen aus ist faszinierend. Sandbänke wechseln sich mit Prielen ab, die bei Ebbe immer noch Wasser führen. Im Gegenlicht spiegelt sich die Natur in Pastelltönen. Wie glit-

zernde Giganten scheinen Containerschiffe über das Watt zu gleiten, denn ihre Fahrrinne in der Deutschen Bucht ist nicht zu erkennen. In gemütlichem Trab geht es voran, bis die Pferde bauchtief durch den ersten Priel waten. Jetzt wissen die Gäste auch, warum die Wagen so hoch sind.

Am Horizont taucht der Leuchtturm von **Neuwerk** auf. Zu Beginn des 14. Jahrhunderts erbaut, ist er das älteste Bauwerk der Hansestadt! Damals diente er jedoch als Wehrturm, denn Piraten trieben in der Deutschen Bucht ihr Unwesen und störten erheblich den Handel. So etwas mochten die Hamburger Kaufleute gar nicht. Auf dem Turm diente eine Wachmannschaft, immer bereit, gegen die Piraten in See zu stechen. Aber der Turm hatte noch eine weitere, ebenso wichtige Bedeutung: Er war der einzige sichere Platz bei Sturmflut. Wenn der „Blanke Hans" über der Nordsee tobt, sind die Kräfte der Natur gerade auf den Inseln besonders zu spüren. Immer wieder mussten sich die Insulaner auf den Turm zurückziehen. Während es für „Landratten" unvorstellbar ist, auf einer derart gefährdeten Insel zu leben, sehen die Insulaner das völlig anders. Gerade die Abgeschiedenheit ist auch ein gutes Stück Freiheit, alles geht etwas gemütlicher zu und die Zeit wird nicht von der Uhr, sondern von den Gezeiten und den Jahreszeiten bestimmt.

Wenn die vielen Tausend Gänse kommen, beginnt der Herbst oder das Frühjahr. Gut zwei Monate bleiben die schnatternden Gäste. Grau- und Nonnengänse verdunkeln den Himmel, wenn sie ihr Nachtquartier aufsu-

chen, und kehren morgens zum reich gedeckten Tisch zurück. Das Federvieh weiß die saftigen Wiesen auf der Insel zu schätzen. Auf ihrer weiten Reise ist Neuwerk ein guter Platz, um sich noch einmal richtig satt zu essen. Kaum sind im Frühjahr die Gänse verschwunden, kommen Männer und Frauen mit ihren Bienenvölkern: Auf Neuwerk werden neue Königinnen gezüchtet. Die Abgeschiedenheit ist dazu ideal. Die Bienenzüchter können so sicher sein, dass kein ungewolltes Blut in ihre Völker kommt. Bienen, wissen die Imker zu berichten, fliegen nicht über Wasser und so bleibt Neuwerk die Insel der Seligen – was die Imker angeht!

Selig sind auch die meisten Besucher. Nur wenige Kilometer vom Festland entfernt haben sie ein Stück Welt gefunden, die so völlig

Mein persönlicher Tipp

Ein Tag **Neuwerk** ist eigentlich viel zu wenig, obwohl man die Insel in etwa einer Stunde umrundet hat. Aber das ist es ja gerade! Neuwerk ist so klein und damit so besonders. Keine Autos, nur frischer Wind. Die Insel ist ein Paradies für Tausende Vögel und damit für Naturliebhaber ein Eldorado. Bei Ebbe kann man unendlich durchs Watt laufen, Sandburgen bauen oder Bernsteine sammeln. Eine Übernachtung im ältesten Bauwerk Hamburgs, dem Neuwerker Leuchtturm, ist Kult. Und eine Übernachtung im Strohlager sowieso.

Wald, Strand und das Wattenmeer machen auch die Vielfalt des Cuxhavener Landes aus.

anders, oft ursprünglich und sehr dicht an der Natur ist. Es stellt sich nur die Frage: Wie kommt man zurück? Der Blick über den Deich zeigt das Wattenmeer zum Festland hin. Bei Ebbe ist es eine glitzernde Mondlandschaft, in der die Sonne sich millionenfach spiegelt. Da kommt Lust zu einem Fußmarsch auf, mal ganz dicht dran zu sein, mittendrin, aber die drei Stunden Fußweg bis ans Festland schrecken dann doch einige ab. Sie gehen zum

Hafen im Norden. Die Plätze der Fähre an Deck sind begehrt – zum Schiffegucken. Die Deutsche Bucht ist eine der meistbefahrenen Schifffahrtsstraßen der Welt. Große Schiffe, Megaschiffe, Segelschiffe, Motorboote. Langweilig wird's nicht. Und dann da hinten – Seehunde. Die 1,5 Stunden Fahrtzeit vergehen viel zu schnell, denn schon taucht der Hafen von Cuxhaven auf.

Cuxhaven – das wahre Tor zur Welt

Die maritime Geschichte ist in Cuxhaven allgegenwärtig – Seefahrerromantik inklusive.

Ein Krabbenkutter fährt gemächlich in die Elbmündung. Ein Containerriese taucht auf. Ein verliebtes Paar steht an der Reling der **„Alten Liebe"**. Seine Augen glänzen beim Anblick der Schiffe. Sie hält seine Hand etwas fester, als wolle sie ihn hindern, seiner Sehnsucht nach dem Leben auf den Meeren nachzugeben. Die weite See, der Blick bis zum Horizont und die vielen Schiffe in der Deutschen

Bucht geben reichlich Platz für Träume. Da ist der junge Mann nicht allein. Dicht gedrängt stehen die Menschen an der Reling, als ein Zweimaster vorbeifährt. Die „Alte Liebe", der Aussichtspunkt in Cuxhaven, ist jung geblieben. Die Legende besagt, dass einst ein Fischer sein Boot, das „Alte Liebe" hieß, hier versenkte, um einen Bootsanleger zu schaffen. Wenn das stimmen sollte, müssen viele

Mein persönlicher Tipp

Die „**Alte Liebe**" und die **Kugelbake** sind wohl die bekanntesten Wahrzeichen von Cuxhaven. Zu Recht, finde ich. Wer einmal an der „Alten Liebe" – der Aussichtsplattform am Hafen – Schiffen zugewinkt hat oder selbst von dort losgefahren ist, z.B. nach Helgoland, versteht das Gefühl von Fernweh und Abschiedstränen, das so einen Ort umweht. Auswanderer, die mit dem Schiff in Hamburg gestartet waren, sahen hier das letzte Mal ihre Heimat. Und die Kugelbake, zu der man von der „Alten Liebe" einen herrlichen Spaziergang machen kann, markiert dann endgültig den Übergang von der Elbe in die Nordsee.

Mein persönlicher Tipp

Natürlich führen verschiedene Wege nach Rom bzw. nach Neuwerk. Auch Schiff und Wattwagen sind toll, aber eine **Wattwanderung auf die Insel** ist für mich der ganz große Hit. Los geht's mit dem Wattführer in Sahlenburg oder Duhnen – die 10 bzw. 12 km bis rüber nach Neuwerk dauern circa 3–4 Stunden. Es ist ein unglaubliches Erlebnis, auf dem trockenen Meeresboden zu gehen. Der Weg ist das Ziel! Am besten, man übernachtet dann auf Neuwerk und fährt am nächsten Tag mit dem von Pferden gezogenen Wattwagen zurück. So ist der Besuch auf Neuwerk einfach perfekt und einmalig.

Feuerschiff Elbe 1
Meta Grube Weg 17
27474 Cuxhaven
Tel.: 04721/6651031
www.feuerschiff-elbe1.de

Heute Museum, einst aber lebenswichtig für die Schifffahrt – das Feuerschiff „Elbe 1".

Sehnsucht fast zum Anfassen – Kreuzfahrtschiffe in der Deutschen Bucht.

andere Boote und Schiffe dem Beispiel der „Alten Liebe" gefolgt sein. Dies berichtet auch eine weitere Legende. Die heutige „Alte Liebe" ist wohl der beliebteste Treffpunkt Cuxhavens zum Schiffegucken, während man einen Kaffee oder Tee in einem der Cafés genießt und Nordseeluft schnuppert. Fast in Sichtweite steht die **Kugelbake,** das alte Seezeichen und Wahrzeichen der Stadt, das den Scheitelpunkt zwischen Unter- und Außenelbe anzeigt. Von der „Alten Liebe" aus starten auch die Touren zu den Seehundbänken. Da geht es nicht auf die offene See hinaus, sondern in die Elbmündung. Die Seehunde sind, wenn man es mal wörtlich nimmt, hier Flusshunde.

Schräg gegenüber der „Alten Liebe" liegt das **Feuerschiff „Elbe 1"**. Über Jahrzehnte diente es als schwimmender Leuchtturm, der den Schiffen den sicheren Weg in die Elbe wies. Auf der Besichtigungstour erfährt man – sozusagen hautnah –, wie damals das Leben der Besatzung aussah. Ehemalige „Elbe 1-ler"

erzählen den Besuchern von ihrem Alltag auf dem Schiff. Die Kojen, die Kombüse, die Arbeit an Deck werden wieder lebendig. Richtig gefährlich wurde das Leben an Bord bei den vielen Havarien. Ob bei Nebel, Sturm oder

Nordseeheilbad Cuxhaven GmbH

Cuxhavener Str. 92
27476 Cuxhaven
Tel.: 04721/404-0
www.tourismus.cuxhaven.de

Cuxhaven und das Cuxhavener Land mit Neuwerk

Typisch norddeutsch: Backsteinbauten, weites
Land und das Weltnaturerbe Wattenmeer.

nachts, kein anderes Feuerschiff wurde so oft gerammt wie die „Elbe 1". Für Romantik blieb da nicht viel Zeit.

Nicht weit von der „Elbe 1" ist der alte und neue Fischereihafen. Mit etwas Glück wird gerade ein Trawler mit Atlantikfisch gelöscht. Und weil es gerade Mittagszeit ist, sucht sich das verliebte Paar ein Restaurant im Fischereihafen. Das Angebot ist groß, hat sich der Fischereihafen doch zum Touristenziel gemausert. In den gemütlichen Lokalen dreht sich alles um den Fisch – maritimes Ambiente inklusive. Und während die beiden frische Seezunge essen, ahnt keiner von ihnen, welch harte Arbeit der Fischfang ist. Wohl gestärkt geht es weiter.

Um die ganze Härte des Seemannslebens zu sehen, lockt die junge Dame ihren Geliebten ins Museum **Windstärke 10**. Cuxhaven stand lange Zeit für die deutsche Hochseefischerei. Dabei ging es bis Island hinauf, während die Fischer wochenlang unterwegs waren. Mit den Dampfschiffen begann Ende des 19. Jahrhunderts die Hochseefischerei in Cuxhaven. Damit wuchs der Hafen stetig. Neue Hallen wurden gebaut, die Eisenbahnanbindung nach Hamburg eröffnete neue Märkte und die Flotte wuchs rasant. Die beiden Weltkriege brachten Einbrüche. Da Cuxhaven aber im Zweiten Weltkrieg kaum zerstört wurde, konnte die Hochseefischerei bald wieder aufgenommen werden und bis in die 1970er-Jahre

Die Nordsee von der schönsten Seite – weite Strände, klare Luft und ein blauer Himmel.

Windstärke 10
Wrack- und Fischereimuseum Cuxhaven
Ohlroggestr. 1
27472 Cuxhaven
Tel.: 04721/59071-0
www.windstaerke10.net

Die bewegende Geschichte der Seefahrt erlebt der Besucher im Museum „Windstärke 10".

wuchs der Fischfang stetig. Dann wurden Fangquoten beschlossen und der Fischfang ging zurück. Trotz immer neuer Technik blieb das Leben der Seeleute hart und gefährlich. Die Vorstellung, auf einer solchen Nussschale gefangen zu sein, die harte Arbeit an Bord und die Stürme im Eismeer lassen den jungen Mann nachdenklich werden. Viele Schiffe san-

ken und die Besatzung verlor ihr Leben. In eindringlichen Bildern und Geschichten erfährt das Paar viele Schicksale über das Leben und Sterben der Seeleute. Hier im Museum, meint die junge Frau, habe selbst der Tod ein Gesicht bekommen. Und wenn sie schon einmal in die Geschichte eingetaucht sind, lohnt ein Besuch auf **Schloss Ritzebüttel**.

Drumrum mit Schloss – Ritzebüttel

Mit **Ritzebüttel** begann die Geschichte Cuxhavens. Besiedelt wurde das Land aber bereits vor etwa 3000 Jahren. Schon damals wussten die Siedler den fruchtbaren Boden und die reichen Fischgründe zu schätzen und waren dafür bereit, auch das Risiko der Sturmfluten einzugehen. Um das Jahr 1000 kam eine weitere Gefahr hinzu: Die Wikinger tauchten auf, raubten und mordeten. Kaum waren sie vertrieben, machten Seeräuber die Deutsche Bucht und die Nordsee unsicher. Es war, aus Seeräubersicht betrachtet, ein gutes Ge-

schäft, denn die Hanse blühte auf und damit war die Hoffnung auf reiche Beute verbunden. Damals war Ritzebüttel bedeutender als Cuxhaven. Gegründet wurde das Schloss im 14. Jahrhundert von der Familie Lappe, die damals zu den Großgrundbesitzern gehörte und dementsprechend Geld und Einfluss besaß. Das Schloss wurde als „Steenborg" – Steinburg – beschrieben und besaß 1,4 m dicke Mauern. Im 14. Jahrhundert setzte der Niedergang der Familie Lappe ein und der Stadtstaat Hamburg erwarb die Ländereien sowie das Schloss. Die Hamburger begannen die Anlage auszubauen und aus der Steinburg wurde ein Schloss. Es diente als Verwaltungssitz und wurde im Laufe der Zeit erweitert. Schon damals schien die Verwaltung einen Hang zu laufender Vergrößerung zu haben. Über 500 Jahre sollte es im Besitz der Hansestadt bleiben. Es gehört zu den ältesten Profanbauten der norddeutschen Backsteingotik und kann heute besichtigt werden. Der Garten mit seiner Mauer, die einst zur Abwehr diente, ist heute ein ruhiger und blühender Ort, wo sich nicht nur Verliebte wohl fühlen.

Nach dem Abstecher in die Vergangenheit geht es zurück ins pralle Leben. Und das heißt bei Cuxhaven **Duhnen** und **Sahlen-**burg. Hier entstanden im 19. Jahrhundert mit die ersten Badeorte an der Nordseeküste. Im Sommer zieht es bis heute Urlauber an die Küstenorte. Legendär ist das Duhner Wattrennen, der Pferdesport am Salzwasser. Was einst als Gaudi für die Bauern begann, ist heute ein Anziehungspunkt für Pferde- und Wettfreunde, für schicke Kleider und auch so mancher extravagante Hut wird gesichtet.

Etwas ruhiger geht es in Sahlenburg zu: Hier reicht der Wald bis an die Küste. Das gibt es nicht oft an der Nordsee. Gleich dahinter beginnt eine ganz abwechslungsreiche Landschaft, wie sie sonst kaum an der Küste zu finden ist. Die Cuxhavener Küstenheiden sind

Mit Schloss Ritzebüttel begann die Geschichte Cuxhavens.

Schloss Ritzebüttel
Schlossgarten 8
27472 Cuxhaven
Tel.: 04721/721812

Das gehört zu jedem Nordsee-
besuch – der Sonnenuntergang.

Spaziergänge durch die weite
Küstenheide – herrlich!

außerordentlich vielfältig: Sandheide, Moor-
heide und Krähenbeerheide wechseln sich
mit Magerrasen, Mooren sowie lichten Ei-
chen- und Kiefernwäldern ab. Die häufigsten
Heidearten sind Besenheide, Krähenbeere
und Glockenheide. Über 500 Pflanzenarten
wachsen dort – ein ideales Gebiet für 70 Brut-
und 60 Rastvogelarten. Aber nicht nur für Or-
nithologen sind die Küste und das Hinterland
interessant, Tiere kann man auch anderswo
beobachten. Eine Herde Schnucken und Ziegen beweidet eine rund 300 ha große Fläche
mit Heiden und Magerrasen. Dafür wurden
diese Tierrassen einst gezüchtet.

„Schmalhans" war auch bei den Nutz-
tieren oft Küchenmeister, die mit der spärli-
chen, aber abwechslungsreichen Kost hervorragend klarkommen. Das schlägt sich auch
bei der Fleischqualität nieder: Die vielen Kräu-
ter verleihen dem Braten einen Hauch von

Wildgeschmack. Auf der Holtjer Höhe grasen
ganzjährig Salers-Rinder, die die weitere Verbreitung der Traubenkirsche verhindern.

Auf den Flächen des ehemaligen Truppen-
übungsplatzes **Altenwalde** erlebt man ein
Stück Urgeschichte. Dort beweiden auf drei
100 ha großen Koppeln Heckrinder und Ko-
niks die Flächen. In den 1930er-Jahren ver-
suchten die Gebrüder Heck, hier den Ur (Auerochsen) wieder neu zu züchten. So ganz
gelungen ist ihnen das nicht, aber die Tiere
gleichen dem Ur in Farbe und Form. Die Ko-
nik-Pferde haben noch viel Wildpferde-Blut.
Richtig wild sind lediglich die Wisente, die zur
Landschaftspflege eingesetzt werden.

Von der Beobachtungsplattform am Rande der **Duhner Heide** können Besucher einen einzigartigen Rundblick auf den Schiff-
fahrtsweg Elbe, das Watt bis Neuwerk, die
Salzwiesen in der Neulandgewinnung und die
Duhner Heide genießen. An der Duhner Platt-
form ist auch der Start- und Endpunkt des
„Entdeckungspfades Duhner Heide". Er in-
formiert entlang eines 2 km langen Rund-
pfades auf 12 Tafeln über die Besonderheiten
der Landschaft. Der 1880 gepflanzte Werner-
wald in Sahlenburg ist mit rund 315 ha Fläche
der einzige Wald an der Nordseeküste mit
direktem Übergang zum Wattenmeer.

In Sahlenburg und Duhnen füllen sich
abends die Lokale, Kneipen und Restaurants.
Besonders beliebt sind dabei die Außenplät-
ze, denn die meisten Besucher warten auf ein
Spektakel, das es in seiner ganzen Schönheit
so nur an der Nordsee gibt – den Sonnenuntergang. Und wer es noch romantischer mag,
der geht an den Strand und verfolgt gebannt,
wie sich die Sonne blutrot unter den Wolken
hinabschiebt, bis sie als Feuerscheibe hinter
dem Horizont versinkt.

Unter Normal Null – das Land Hadeln

Gräben, Bäche und die Medem durchziehen das **Land Hadeln**. Weite Gebiete liegen unter Null – und das machte den satten Marschboden nur teilweise brauchbar. So begannen die Hadelner schon vor Jahrhunderten, ihr fruchtbares Land zu entwässern und einzudeichen. Die Gefahr, dass bei stürmischer Flut das Wasser wieder ins Landesinnere gedrückt wurde, blieb jedoch. Erst das Schöpfwerk in Otterndorf schaffte dauerhaften Schutz. Es hat die größte Kreiselpumpe Europas. Bei den Wassermassen, die aus dem Land Hadeln kommen, auch durchaus sinnvoll.

Die Landwirtschaft brachte Wohlstand. Und in **Otterndorf** ließen sich Hamburger Kaufleute nieder, bauten große Speicherhäuser, von denen einige heute noch zu bestaunen sind. So viel Wohlstand musste natürlich auch gezeigt werden. Peter Meyer und Peter Nicolaus Meyer waren zu Beginn des 18. Jahrhunderts hervorragende Goldschmiede. Sie stellten für die Reichen und Schönen in Otterndorf Tafelsilber und Schmuck her. Diese Preziosen passten auch hervorragend ins barocke Kranichhaus, eines der bedeutendsten Bauwerke der Stadt. Der Kranich stand für Weitsicht und Klugheit. Die Geschichte um das Kranichhaus erzählt, dass der Kranich nachts erwacht. Mit dem ersten Schlag der alten Glocke zu mitternächtlicher Stunde öffnet er die Augen und wirft die von seinen Krallen gehaltene Kugel seinem kleinen Bruder über der Tür des Hauses zu. Dieser fängt die Kugel und wirft sie fast im gleichen

Tourist-Information Otterndorf

Historisches Rathaus
Rathausplatz 1
21762 Otterndorf
Tel.: 04751/919131
www.otterndorf.de

Um die Geschichte des Kranichhauses ranken sich Legenden und Sagen.

Das alte Rathaus in Otterndorf gehört zu den schönsten historischen Gebäuden.

Die Schifffahrt, aber auch Flora und Fauna sind im Natureum zu bestaunen.

Natureum Niederelbe
Neuenhof 8
21730 Balje
Tel.: 04753/84 21 10
www.natureum-niederelbe.de

Augenblick wieder zurück. Der große Vogel schnappt geschickt die Kugel wieder auf, um beim letzten Schlag der Glocke die Augen zu schließen und auf die nächste Mitternacht zu warten.

Elisabeth Radiek ließ es im 18. Jahrhundert im Stil des Barock umbauen und gab ihm auch den Namen. Nach dem Tod ihres Mannes führte sie sehr erfolgreich die Geschäfte als Gewürz-, Wein- und Salzhändlerin weiter. Heute ist im Kranichhaus das Museum des alten Landes Hadeln untergebracht. Ein Rundgang lässt längst vergangene Zeiten wieder aufleben: Empfänge und Soireen füllten die Räume, elegante Damen luden zum Lunch, hanseatische Kaufleute besprachen ihre Geschäfte und die Bediensteten reichten Wein und trugen teure Speisen auf. Durchaus auch vorstellbar, dass ein Quartett für den musika-

lischen Rahmen sorgte. Mythen und Legenden würzten die Konversation. Wer auf einem Spaziergang durch Otterndorf genau hinsieht, entdeckt an den Fassaden einiger alter Häuser Hexenbesen in den Giebeln. Die Otterndorfer hatten einen Hang zum Aberglauben und der Hexenbesen sollte sie vor bösen Geistern schützen. Dies scheint ja auch in den letzten Jahrhunderten geklappt zu haben.

Von Otterndorf ist es nicht weit zum **Natureum** in südlicher Richtung. Wer möchte, kann sich hier als Bernsteinschleifer versuchen. Bernstein an der Elbe? Richtig! Im Natureum sind Bernsteinfunde zu sehen, die über die Elbe in die Nordsee gespült wurden. Bis weit nach Ostfriesland sind gerade nach den Sturmfluten Bernsteine am Strand zu finden.

Das Natureum bietet einen tiefen Einblick in die Welt der norddeutschen Küste. In den

Mein persönlicher Tipp

Kurz vor Cuxhaven, direkt an der Elbe, liegt das hübsche Städtchen **Otterndorf**. Die Innenstadt kann man gemütlich bei einem Bummel erkunden, es gibt einige sehr hübsche alte Häuser. Der grüne Elbstrand ist nicht weit, und von dort hat man beste Aussichten auf die ein- und auslaufenden Schiffe. Es macht Spaß, dem regen Treiben auf dem Wasser zuzuschauen – und von fernen Ländern oder dem nahen Hamburg zu träumen.

Aquarien leben die Fische der Nordsee und der Elbe. Flunder und Hering, Seestern und Muschel geben sich hier ein Stelldichein. Auf dem 10 Hektar großen Gelände sind die Pflanzen des Nordens zu sehen und an einem Modell lassen sich Ebbe und Flut – bis zur Sturmflut – nachstellen. Das begeistert vor allem die Kinder, die sehr schnell die Macht der Natur begreifen. Ganz naturnah geht es auf der Aussichtsplattform zu. Seltene Vogelarten wie der Singschwan, der Goldregenpfeifer und der Alpenstrandläufer sind zu beobachten. Der Einblick in den Lebensraum Nordsee wird immer deutlicher. Alles hängt zusammen und der Mensch ist ein Teil davon. Breite Schilfgürtel durchziehen das Land zwischen Elbe und Medem. Das Schilf – das Reet – war ein wichtiger Baustoff für die Dächer der Bauernhäuser. Im Winter, wenn der Boden und die Uferstreifen gefroren waren, ging man hinaus, um das Reet zu schneiden. Eine frostige Angelegenheit. Da war gute und reichhaltige Nahrung wichtig. Fisch gab es satt. In den Flüssen tummelten sich Stör und Lachs – damals noch Billigfische. Auf dem satten Marschboden züchteten die Bauern Vieh und bauten in ihren Gärten Gemüse und Obst an. Das Mikroklima der Elbe ließ alles reichhaltig wachsen.

Ganz schön moorig – das Ahlenmoor

„Ne, die heiratest du nicht!", sprach der Marschbauer. Über Jahrhunderte galt, dass ein reicher Marschbauersohn oder, schlimmer noch, eine Marschbauerstochter niemals einen armen Schlucker aus dem Moor heiratet. Manche behaupten sogar, dass diese Grenze zwischen „Romeo und Julia" auf dem Lande bis heute fortbesteht. Das **Ahlenmoor** ist ein Hochmoor und das größte Moor im Cuxhavener Land. Dank vieler renaturierter Flächen, einer Moorbahn und etlicher Moorpfade lässt sich diese einzigartige Fläche erkunden.

Förderverein Ahlenmoor e. V.
Ahlenstraße 25
21776 Wanna-Ahlen-Falkenberg
Tel.: 04757/376
www.ahlenmoor.de/verein

Trockenen Fußes kommt man durch das Ahlenmoor mit der Moorbahn. Ein einzigartiger Lebensraum ist zu entdecken.

Entlang des Nord- und Ostrandes des Ahlenmoores erkennt man noch heute eine lange Kette von „Moorkuhlen", wo die „armen Schlucker" des Moors Torf abbauten. Spätestens seit dem 17. Jahrhundert hatte man begonnen, den Torf zu stechen. Die Streifen abgetorften Landes wurden so nach und nach in Kulturland verwandelt und der getrocknete Torf konnte als Brennstoff genutzt werden.

Ansonsten war das Ahlenmoor bis zum Ende des 19. Jahrhunderts eine weite, baumlose Fläche, die fast nur mit Heidekraut, Pfeifen- und Wollgras bewachsen war. Ein charakteristisches Schauspiel war die Balz der Birkhühner, bei der die Hähne im ersten Morgenlicht auf immer denselben Balzplätzen zusammenkamen. Mit ein wenig Glück sind heute auch Kraniche zu beobachten.

Lebensfeindlich, unheimlich und geisterhaft galt das Ahlenmoor über Jahrtausende. Heute weiß man den Naturschatz zu schätzen.

Mein persönlicher Tipp

MoorInformationsZentrum (MoorIZ)
Am Hohen Kopf 3
21776 Wanna
Tel.: 04757/818955 8
www.ahlenmoor.de/moorinformationszentrum-mooriz

Warum ist das Moor so wertvoll? Und weshalb wurde (und wird) es abgebaut? Wie lange dauert es, bis ein Millimeter Torf gewachsen ist? Und wie wird das Moor wieder vernässt? MoorIZ, das Moorinformationszentrum im alten Torfwerk bei Wanna, geht diesen Fragen rund um den schön-schaurigen Lebensraum nach. Man kann außerdem auf einem Bohlenweg trockenen Fußes durch die Moorlandschaft spazieren oder fährt mit der Moorbahn auf einem 5 km langen Rundkurs. Nach dem Besuch im MoorIZ sieht man das scheinbar tote und langweilige Moor mit ganz anderen Augen und will spätestens ab jetzt nur noch ohne Torf gärtnern.

Frauenpower – mal ganz ländlich

Frauenpower gibt es in Ihlienworth. Die Landfrauen verkaufen Leckeres aus eigener Produktion.

Landfrauenmarkt Ihlienworth

Alte Meierei
Hauptstraße 40
21775 Ihlienworth
Tel.: 04751/9 19 00
www.landfrauenmarkt.de

Satt essen – eine gute Idee. Ein Ausflug am Wochenende nach **Ihlienworth** lohnt. Dort haben die Landfrauen ihren Markt in einer ehemaligen Molkerei aufgebaut und verkaufen Hausgemachtes: Wurst aus eigener Schlachtung, Marmelade, Säfte, Obst, Strickwaren, Käsespezialitäten und im Café – wie sollte es anders sein? – hausgemachten Kuchen.

Bei den Käsespezialitäten fällt ein Stand besonders auf: Hier gibt's Ziegenkäse und der sieht verdammt lecker aus. Hinter dem Tresen

steht eine schwarzhaarige, zierliche Frau mit deutlich französischem Akzent – **Catherine André**. Schauspielerin war sie einst in Frankreich und später in Berlin. Dann hatte Catherine vom Großstadtleben die Nase voll und zog aufs Land. Im Hadelner Land fand sie ihre neue Heimat und zum Einzug bekam sie eine kleine, weiße Ziege geschenkt. Ziegen sind Herdentiere – und damit begann, was sie vorher für unmöglich gehalten hatte: Eine zweite Ziege kam hinzu und bald hatte sie ihre erste

Mein persönlicher Tipp

Saisonal und regional – die Schlagworte, die heute jeder kennt, haben aktive Landfrauen aus dem Cuxhavener Land schon Mitte der 90er-Jahre mit Leben gefüllt. In einer alten Meierei haben sie einen Landfrauenmarkt eröffnet. Hier gibt es ausschließlich regionale Produkte vom Hof: Obst, Gemüse, Brot, Käse, Blumen, Fisch, Marmeladen und, und, und ... Im Café nebenan gibt es dazu wunderbaren selbstgebackenen Kuchen. Zu Anfang wurden die Frauen noch belächelt, aber längst ist der **Landfrauenmarkt Ihlienworth** erfolgreich und über die Grenzen des Cuxhavener Landes hinaus bekannt. Ich war schon des Öfteren da und bin jedes Mal restlos begeistert. Alle zwei Wochen Freitag und Samstag ist Markttag.

kleine Herde. Catherine wurde Ziegenbäuerin. Von ihrem Großvater in Frankreich lernte sie das Käsemachen. Das dauerte, aber der Ehrgeiz hatte sie gepackt. Immer neue Rezepte probierte sie aus. Daneben musste sie Überzeugungsarbeit leisten. „Ziegenkäse – nö danke!", war am Anfang die häufigste Antwort, die sie zu hören bekam. Hilfestellung erhielt sie von den Landfrauen. Die resoluten Damen waren dem Neuen durchaus zugewandt. Eine von ihnen holte die Molke und

backte damit Brot. Ein Verkaufsschlager. Nach gut vier Jahren harter Arbeit am Weich- und Hartkäse war der Damm der Vorurteile endlich gebrochen. Mittlerweile verkauft sie ihren Käse bis in die Sternerestaurants nach Hamburg.

Gleich gegenüber der alten Molkerei legen die Boote zur Fahrt durchs Hadelner Land an. Jetzt schnell noch den Einkauf im Auto verstauen und dann ganz gemütlich die Landschaft mit dem vielen Wasser genießen.

Ziegenhof Bachenbruch

Catherine André
Bachenbrucher Straße 14
21772 Neubachenbruch
Tel.: 04756/8125
www.landfrauenmarkt-
ihlienworth.de

Käsespezialitäten aus Ziegenmilch gibt es bei Catherine André auf ihrem Ziegenhof – französisches Flair inklusive.

Im Leuchtturm „Kleiner Preuße"
von Wremen haben schon über
500 Paare ihr Jawort gegeben.

**Kurverwaltung
Wurster Nordseeküste**

Am Kutterhafen 3
27639 Wurster Nordseeküste
Tel.: 04741/960-0
www.wursternordseekueste.de

Land Wursten – tatsächlich fleischfrei

Der Name geht wahrscheinlich auf den Begriff „Wurten" zurück, womit die künstlich aufgeschütteten Hügel bezeichnet wurden, auf denen die Marschbauern ihre Höfe bauten, um bei Sturmflut Schutz vor dem Wasser zu finden. Böse Zungen behaupten, die Friesen hätten den Schutz vor Überflutung durch die Misthaufen gelernt. Denn bei Sturmflut waren die Misthaufen die einzigen Erhöhungen, die aus dem Wasser ragten. Und so kamen die Friesen auf die Idee, ihre Häuser auf

Anhöhen zu bauen. Wofür Mist doch alles gut sein kann!

Ursprünglich war das **Land Wursten** von Sachsen bevölkert, die aber im 8. Jahrhundert von den Friesen vertrieben wurden. Im Gegensatz zu den anderen friesischen Regionen wurden die Friesen im Land Wursten nicht von Häuptlingen regiert. Bereits nach dem Ende der Wikingerüberfälle im 11. Jahrhundert besannen sich die Wurster Friesen auf ihre Stärke und kämpften für ihre Unabhängigkeit. We-

Mein persönlicher Tipp

Der **Leuchtturm „Kleiner Preuße"** am Wremer Deich ist wunderbar! Er ist nur 10 m hoch und trotzdem hat man von dort einen schönen und weiten Rundumblick. Außerdem sieht er einfach besonders aus mit seinem schwarz-weißen und damit eher untypischen Leuchtturmdesign. Wegen der Farben Schwarz-Weiß hat er bei seinem Bau 1906 auch seinen Namen bekommen. Allerdings wurde er wegen Verlegung der Fahrwasserrinne schon 1930 wieder abgebaut. Es ist engagierten Bürgern zu verdanken, dass der heutige „Kleine Preuße" seit 2005 wieder am Wremer Deich steht. Er ist ein beliebtes Ausflugsziel und in ihm kann man auch heiraten.

der die Erzbischöfe von Bremen noch die Herzöge von Sachsen-Lauenburg, denen das benachbarte Land Hadeln gehörte, konnten die Friesen besiegen. Die Friesen nahmen die Eindeichung und Urbarmachung des Landes selbst in die Hand und auch die Verwaltung und die Gerichtsbarkeit regelten sie selbst. Bis in das Hochmittelalter hinein beanspruchte das Land Wursten als Bauernrepublik das Recht der Friesischen Freiheit und schickte seine Vertreter zum jährlichen **Thing am Upstalsboom**. Die erste Erwähnung findet der Upstalsboom in der „Chronik des Klosters Bloemhof" aus dem Jahre 1216. Abgesandte der friesischen Landesgemeinden kamen dort zusammen, um Recht zu sprechen und Beschlüsse zu fassen. Jede Landesgemeinde war dabei mit zwei Abgeordneten vertreten. Diese wurden bereits zu Ostern gewählt und Redjeven genannt. Dies war auch im jeweiligen Landesrecht geregelt. So heißt es im Emsiger Recht aus der Zeit um 1300: „Thit send tha urkera allera Fresena. Theth forme, theth hia gaderkome enes a iera to Upstelesbame a tyesdey anda there pinxtera wika and ma ther eratta

alle tha riucht, ther Fresa halda skolde. Jef aeng mon eng bethera wiste, theth ma the lichtere lette and ma theth bethere helde." Übersetzt: „Dies sind die Überküren aller Friesen. Erstens, dass sie einmal im Jahre am Dienstag in der Pfingstwoche zu Upstalsboom zusammenkämen und dass man dort alle Rechte bespräche, die die Friesen halten

Die alten Fischerhäuser im Hafen von Wremen sind heute ein beliebtes Fotomotiv.

Der Anblick der vielen Krabbenkutter macht Lust auf selbst gepulte Krabben. Frischer geht's nicht. Die Geschichte des Deichbaus über viele Jahrhunderte erlebt der Besucher im Deichmuseum.

Deichmuseum Land Wursten
Poststraße 16
27639 Wurster Nordseeküste
Tel.: 0 47 42/87 26 oder
0 47 42/10 20

Land Wursten – tatsächlich fleischfrei   29

Der Queller, auch Salzstange des Wattenmeers genannt, steht unter Naturschutz. Er ist eine der wenigen Pflanzen, die mit dem Salzwasser zurechtkommt.

Kurioses Muschelmuseum
Nordseebad Wremen
Zur alten Schule 3
27639 Wurster Nordseeküste
Tel.: 04705/605
www.muschelmuseum-wremen.jimdo.com

sollten. Wenn irgend jemand ein besseres (Recht) wüsste, sollte man das weniger richtige aufgeben und das bessere befolgen."

1444 war es dann mit der Freiheit des Landes vorbei. Ganz Wursten wurde damals wegen Strandraubs an Hamburger Gütern vom Erzbischof für sieben Jahre mit dem Kirchenbann belegt. In der zweiten Hälfte des 15. Jahrhunderts kam es mehrmals zu Auseinandersetzungen zwischen den Wurtfriesen und der hamburgischen Besatzung. Auch der Herzog von Sachsen-Lauenburg besann sich wieder auf seine alten Ansprüche. Sein voreiliger Eroberungsversuch wurde jedoch 1484 von den Wurstern zurückgeschlagen. Wenig später war es dann aber doch mit der Freiheit zu Ende, als die Wurtfriesen zwischen die Fronten verschiedener Herrscher gerieten.

Ihrer Aufmüpfigkeit wegen hatten die Wurster den Ruf, in ihrer Nachbarschaft Raufbolde zu sein. Auch die Frauen im Land Wursten hatten es in sich, wie die Geschichte der **Tjede Peckes** zeigt. Sie wurde um 1500 als Tochter einer wohlhabenden Bauernfamilie geboren und war Mitglied einer Frauenbewegung (da staunt man doch!). An Heirat dachte sie nicht, sondern arbeitete in den Bauern-

räten mit. Als es zur Schlacht am Wremer Tief 1517 kam, zog Tjede mit weiteren 500 Mädchen und Frauen in die Schlacht. Sie wurde mit nur 17 Jahren von einem Landsknecht mit dem Schwert getötet. Die Grundschule in Dorum trägt heute ihren Namen.

In **Dorum** ist auch das **Deichmuseum**. Hier kann der Besucher die Geschichte des Deichbaus seit der Besiedlung der Küste nachverfolgen. Es ist ein gigantisches Werk, das immer wieder von den Kräften der Natur zerstört wurde, zugleich aber auch ein Zeugnis dafür, wie sehr die Friesen immer bereit waren, um ihr Land zu kämpfen.

Amüsant geht es im kuriosen **Muschelmuseum** in **Wremen** zu. 3000 verschiedene Muscheln und Schnecken sind ausgestellt und mit Fantasienamen bestückt. Da heißen einige Schnecken „Silvesterschlange" oder „Lippenstift". Statt der seriösen lateinischen Namen gibt es viel Fantasie und die regt auch die Besucher an. Neben dem Spaß gibt es auch allerlei Wissenswertes. Muscheln sind zum Teil Fleischfresser. Es gibt – nicht anders wie bei Menschen – auch Vegetarier unter ihnen. Einige bleiben ihr Leben lang an der gleichen Stelle, andere vagabundieren herum.

Manche können sogar springen. Die Schnecken haben lange vor dem Menschen schon das Eigenheim erfunden und ziehen sich gern darin zurück. Auch in Sachen Deko scheinen sie uns um Schneckenbreite voraus. Bunt, gestreift, gepunktet und immer stilsicher sind sie unterwegs. Da gönnt man doch der einen oder anderen mal einen Kopf Salat …

Bad Bederkesa – Ritter am See

Die „Friesische Freiheit" ist nach **Bad Bederkesa** nicht vorgedrungen. Schon früh ließen sich die Ritter zu Bederkesa nieder und bauten eine Burg. Über mehrere Jahrhunderte hinweg gelang es der Ritterfamilie, nicht nur den eigenen Besitz zu schützen, sondern auch Bederkesa stetig wachsen zu lassen. Beherrscht wurde der Ort jedoch vom Erzbistum Hamburg-Bremen. Ende des 15. Jahrhunderts, als das Geschlecht der Ritter von Bederkesa ausstarb, war die Stadt Marktplatz und Wohnort vieler Handwerker. Als Zeichen der Gerichtshoheit ließ Bremen 1602 den Roland im Burghof errichten, wo er heute noch steht. Der liegende Schlüssel im Ortswappen von Bederkesa erinnert an die Zeit der bremischen Herrschaft im Amte. Heute ist Bederkesa ein Bad. Die Gäste wissen die Moorbäder und die klare Luft zu schätzen. Die Moorkuren mit Badetorf erwärmen langsam den Körper, entspannen die Muskulatur und sollen das Immunsystem stärken.

Die Ritter von Bederkesa erbauten ihre Burg unweit des Sees. Ob sie den See auch so romantisch fanden wie die heutigen Besucher, mag wohl ein Geheimnis der Geschichte bleiben. Der Moorsee ist gut einen Kilometer lang und 800 Meter breit. Vom Ufer aus lassen sich Haubentaucher, Teichrohrsänger und Reiher beobachten. Ein Fünftel des Sees steht unter Naturschutz. Angler lieben den See wegen des Fischreichtums: Hecht, Zander, Brasse, Karpfen, Rotauge und Weissfische fangen sie. Der See ist nicht tiefer als einen Meter. Ein ganz besonderes Erlebnis, wenn sich ein Regenbogen über den See spannt. Dann werden 1000 heimliche Wünsche gen Himmel gesandt.

Die Burg Bederkesa wurde von einem Rittergeschlecht gegründet. Heute ist ein Museum darin untergebracht; der Roland vor der Burg lässt die Verbindung zu Bremen erahnen.

Bremer Land
mit Bremerhaven

Wilhelmshaven • Nordenham-Blexen • • Bremerhaven

Weser Geeste

Jade- Nordenham •
busen

Weser-
marsch

Ostfriesland

Brake • • Harriersand

Teufelsmoor

Leer Jümme Elsfleth-Bardenfleth • • Worpswede
Leda Berne-Ohrt • • Vegesack
Oldenburg Hunte • Storchenpflegestation
Wesermarsch
Arboretum Weser • Bremen
Neuenkoop

Wenn sich die Landschaft in Pastelltöne hüllt, dann hat man das
Teufelsmoor östlich von Bremen erreicht. Dieses Licht hat schon vor
über 100 Jahren Künstler nach Worpswede gelockt. Die Natur wurde ihr herausragendes Thema und davon gibt es reichlich zwischen
Bremen und der Wesermündung. Wer vom Teufelsmoor Richtung
Westen fährt, die Weser überquert, findet bei Berne die Storchen-
pflegestation. Ein Paradies mit schwarz-weißem Federkleid. Freizeitskipper segeln über den Fluss und erreichen bald Brake mit
dem alten Telegraf, wo heute ein Teil des Schifffahrtsmuseums
untergebracht ist. Gegenüber, mitten in der Weser, liegt die Insel
Harriersand. Und wenn man sich plötzlich in einer Kolonne von
Trabbis befindet, ahnt man, dass das Museum nicht weit sein kann.
Statt mit dem Trabbi geht es mit dem Rad weiter Richtung Norden.
Schließlich ist der Weserradweg eine der meistbefahrenen Rad-
routen in Deutschland. In Nordenham-Blexen geht es mit der Fähre
nach Bremerhaven. Schon von Weitem ist das Klimahaus mit
seiner futuristischen Architektur zu sehen. Wesentlich heimeliger
zeigt sich der Zoo am Meer. Schräg gegenüber ist das Deutsche
Auswandererhaus. Tausende haben in den letzten 200 Jahren
über Bremerhaven in Übersee eine neue Heimat gesucht. Für viele
Besucher ist es auch eine Reise in die eigene Familiengeschichte.

Teufelsmoor – gar nicht teuflisch

Das Teufelsmoor liegt in einem eiszeitlichen Schmelzwassertal; Mensch und Natur haben es über Jahrhunderte geformt.

Der Name leitet sich von „doofes" Moor, also taubes Moor, ab. Es entstand nach der letzten Eiszeit in einem Schmelzwassertal. Über Jahrtausende blieb das Teufelsmoor unberührt. Erst im 17. und 18. Jahrhundert begann die Besiedlung und mit ihr steht der Name **Jürgen Christian Findorff**. Ab 1751 arbeitete Findorff bei der Moorkolonisation, einem Projekt des Kurfürsten von Hannover zur Trockenlegung und Besiedlung der Moore zwischen Wümme und Hamme. Dabei ließ er Entwässerungskanäle anlegen und gründete

zahlreiche Dörfer. Es waren hauptsächlich Knechte und Mägde, die das Moor besiedelten. Den Wunsch, frei zu sein, bezahlten sie mit einem harten, oft menschenunwürdigen Leben. **„Den Eersten sien Dood, den Tweeten sien Noot, den Drüdden sien Broot"** – übersetzt: dem Ersten sein Tod, dem Zweiten seine Not, dem Dritten sein Brot – dieser Spruch galt für viele, die das Teufelsmoor besiedelten. In den niedrigen Moorkaten war es feucht und stickig. Der saure Boden war kaum zu beackern und gerade mal

Buchweizen gedieh. Doch wehe, wenn ein Hagelsturm kam und die spärliche Ernte in Minuten zunichtemachte; dann drohte der Hungertod. Der gestochene Torf musste getrocknet werden und wurde dann auf den Torfkähnen nach Bremen geschafft. Wege gab es kaum, alles musste per Kahn transportiert werden. Nur neben den Kanälen und Flüssen gab es schmale Pfade, auf denen getreidelt wurde. Wenn der Wind von der falschen Seite kam oder gar nicht vorhanden war, mussten die Kähne gezogen werden. Pferde konnten sich nur die wenigsten leisten. Das Treideln war oft auch Frauenarbeit. In Bremen wurde mit Torf geheizt. Oft lag die Stadt im Winter unter einer beißenden Smogschicht. Die Moorbewohner galten nichts. Um ihren Verdienst etwas aufzubessern, wurde geschmuggelt. Der aufblühende Handel hatte Bremen reich gemacht. Viele Produkte waren günstiger als im Kurfürstentum Hannover.

Es sollte weitere 100 Jahre dauern, bis ein gewisser Wohlstand auch das Teufelsmoor erreichte. Um feste Häuser zu bauen, mussten

sich die Bewohner etwas einfallen lassen. Eine fast kuriose Idee wurde geboren. Sie zogen die Weser hinunter bis zum Harz. Dort ließen sie sich das Fachwerk für ihre Häuser bauen. Jeder Balken wurde genau beschriftet. Dann ging das Haus im Frühjahr als Floss die Weser hinunter und wurde bei Hochwasser ins Teufelsmoor gebracht und dort aufgebaut.

Die Hamme war früher für das Teufelsmoor ein bedeutender Handelsweg. Heute schippern Urlauber durch diese so kulturreiche Region.

So gar nicht teuflisch ist das Teufelsmoor. Das Naturparadies ist voller Überraschungen bei Flora und Fauna.

Als die Künstler kamen – Worpswede

Vor über 100 Jahren lockte das Moor die ersten Künstler nach Worpswede. Das einzigartige Licht faszinierte sie.

Im Barkenhoff (oben rechts) ist das Wirken des vielseitigen Künstlers Heinrich Vogeler als Gesamtkunstwerk erlebbar. Das Lachen der Buddha-Statue (oben links) steckt die Besucher regelrecht an. Nach der Trennung lebte Vogelers erste Frau Martha im idyllischen Haus im Schluh (unten).

Es war eher ein Zufall, der die Künstler nach **Worpswede** brachte. **Fritz Mackensen** lernte während seines Studiums an der Düsseldorfer Akademie die Nichte seiner Wirtin, Emilie Stolte, kennen. Sie schwärmte dem damals 18-jährigen Kunststudenten voller Begeisterung von den Heide- und Moorlandschaften, den Moorwiesen, dem sich ständig verändernden Himmel und den Sonnenuntergängen im Teufelsmoor vor. Sie lud Mackensen ein.

1889 gilt als Gründungsjahr der Künstlerkolonie. In diesem Jahr beschlossen die Künstler Fritz Mackensen, Hans am Ende und Otto Modersohn, sich dauerhaft in Worpswede niederzulassen. Ein Beweggrund war auch die Sehnsucht nach dem Ursprünglichen. Raus

aufs Land – das lag im Trend und war für die armen Studenten auch günstig. Modersohn und Studienfreunde von Mackensen waren begeistert von den Möglichkeiten, die das Moor mit dem weiten Horizont, das Licht und die noch oft unberührte Landschaft boten. Die Freunde verabschiedeten sich von der sonst üblichen Studiomalerei. Die Natur vor Ort mit dem Pinsel entdecken war ihr Credo. 1893 folgten die Künstler Fritz Overbeck und 1894 Heinrich Vogeler und Paula Becker, die 1901 Otto Modersohn heiraten sollte.

Bald wurden die Maler bekannt. 1895 erwarb **Heinrich Vogeler** den **Barkenhoff,** den er im Jugendstil umbaute. Der Barkenhoff wurde Mittel- und Treffpunkt der Worps-

Tourist-Information Worpswede

Bergstraße 13
27726 Worpswede
Tel.: 04792/935820
www.worpswede.de

Bedeutende Bildhauer der Gegenwart sind Gisela Eufe und Bernd Altenstein aus Worpswede.

Bernd Altenstein

Apfelallee 15b
28355 Bremen
Tel.: 0421/244 54 96
www.altenstein.com/de/home

weder Künstlerbewegung. Rainer Maria Rilke war häufig Gast in Worpswede: Im Barkenhoff las er seinen Freunden aus seinen Werken vor. Heinrich Vogeler beschäftigte sich mit den Schriften von Marx und Engels und träumte von einer sozialistischen Kommune. Mit der Wahl der Nationalsozialisten zerbrach die Künstlergruppe. Der größere Teil sympathisierte mit den Nazis, während die links orientierten Künstler wie Vogeler auswanderten. Vogeler verstarb völlig verarmt 1942 in der Sowjetunion. Nach dem Krieg blühte das Künstlerdorf wieder auf. Daran hat sich bis

heute nichts geändert. Namhafte Künstler wie **Bernd Altenstein** und andere haben dort ihre Ateliers. Der ehemalige Professor der Bremer Kunstakademie hat mit seiner Frau Gisela Eufe einen alten Stall ausgebaut. Das ruhige, aber intensive Leben auf dem Lande schätzen sie. Ihre Skulpturen haben eine ganz eigene Handschrift und sind in vielen Städten im öffentlichen Raum zu bewundern. Vielen dieser Künstler darf man nach Voranmeldung auch über die Schulter schauen. Ein faszinierendes Spektrum der Gegenwartskunst erwartet die Besucher.

Bremerhaven – ab in die Zukunft

Was macht nur eine Hafenstadt, wenn es mit der Fischindustrie allmählich bergab geht? Da gibt es verschiedene Möglichkeiten. Man kann jammern und nach Hilfe rufen, bringt aber erfahrungsgemäß meistens nichts. Man kann sich um neue Industrien bemühen, das klappt meist nur begrenzt, weil andere auch schon auf die Idee gekommen sind. Oder man

riskiert Ungewöhnliches. Und da sind die Bremerhavener ganz weit vorne. Große Teile der Hafenanlagen haben eine völlig neue Bestimmung bekommen: Klimahaus, Deutsches Auswandererhaus und Zoo am Meer sind zu Urlaubermagneten geworden, während der alte Fischereihafen mit maritimen Restaurants lockt. In der jungen Geschichte der Stadt – sie

wurde erst im 19. Jahrhundert gegründet – gab es immer Veränderungen. Kaum war der Hafen gebaut, wurde Bremerhaven die Stadt der Auswanderer. Tagelang mussten die Menschen auf ihr Schiff warten, es herrschten chaotische Zustände. Für Schlafstellen wurden Wucherpreise verlangt, bis 1850 das Deutsche Auswandererhaus gebaut wurde, das 2000 Auswanderern Quartier bot. In der Zeit von 1850 bis 1862 fanden über 280 000 Menschen Zuflucht im Auswandererhaus, das seine Bedeutung verlor, als die Eisenbahn-

anbindung fertig gestellt war und die Auswanderer am Tag der Abreise eintrafen.

Ab 1885 entwickelt sich auch die Fischereiflotte in Bremerhaven. Mit den Dampfschiffen war der erste Schritt zum industriellen Fischfang getan. Bremerhaven wuchs und mit ihr die Fischindustrie. Durch die Dampfschiffe verbesserte sich auch das Leben an Bord: Endlich gab es beheizte Räume und warme Kojen. Trotzdem blieb der Beruf gefährlich. Immer wieder versanken Schiffe im Nordatlantik. Die Flotte schrumpfte in den letzten

Die Bremerhavener zeigten Mut, als sie im alten Hafen das Klimahaus (oben), das Deutsche Auswandererhaus und den Zoo am Meer aufbauten, und schrieben damit eine touristische Erfolgsgeschichte.

Einmal um die Welt – und das alles in Bremerhaven. Im Klimahaus geht entlang des 8. Längengrads einmal um die Welt. Vom gemäßigten Klima in Europa durch die Wüsten Afrikas, den Dschungel und in die Antarktis.

Klimahaus Bremerhaven 8° Ost

Am Längengrad 8
27568 Bremerhaven
Tel.: 0471/902030-0
www.klimahaus-bremerhaven.de

Jahrzehnten ständig weiter. Um für die Hafenflächen eine neue Nutzung zu finden, ging Bremerhaven ein großes Risiko ein, das schlecht abzuschätzen war. Es entstanden das Klimahaus, das neue Auswandererhaus und der Zoo am Meer.

Das Konzept bzw. die Konzepte erwiesen sich als voller Erfolg: Allein das **Klimahaus** hat jährlich über 600 000 Besucher. Die „Reise" entlang des 8. Längengrads startet in Bremerhaven. Acht Länder entlang des Längengrads stellen die unterschiedlichen Klimazonen der Erde dar. Dabei geht es über fünf Kontinente. Hautnah erlebt der Besucher die

unterschiedlichen Temperaturen, sieht, was Klimawandel bedeutet und wie sich Flora und Fauna in den unterschiedlichen Klimazonen entwickeln. Eiskalt wird's in der Antarktis, hingegen verzeichnet die Station Niger eine Temperatur von rund 35 Grad Celsius. Viele, die das Klimahaus verlassen, sind etwas nachdenklicher geworden.

Im **Deutschen Auswandererhaus** geht der Besucher auf eine Zeitreise. Im Wartesaal erfahren die Gäste viel über die letzten Stunden der Auswanderer vor dem Verlassen ihrer Heimat. Eine bedrückende Stimmung, die auch die Besucher packt. Was veranlasste die

Mein persönlicher Tipp

Mein absoluter Museumsfavorit ist das **Deutsche Auswandererhaus** in Bremerhaven. Vom ersten Moment an taucht der Besucher in die persönlichen Geschichten von Auswanderern ein. Die große Fahrt nach Amerika mit Segelschiffen, später mit Dampfschiffen wird durch die echten Kulissen so lebendig, dass man meint, dabei zu sein. Nach Wochen gefährlicher Überfahrt dann in der Wartehalle bei der Einwanderbehörde auf Ellis Island/New York angekommen, entschied sich, wer bleiben durfte. Ein Museum, das modern und lebendig die Geschichte deutscher Auswanderer zeigt. Unbedingt angucken!!!!

Menschen, ihrer Heimat den Rücken zu kehren? Welche Erwartungen hatten sie? Familien wurden getrennt und allen war klar, dass sie sich nie wiedersehen würden. An der Kaje geht es hinauf aufs Schiff. Jeder Schritt, jede Stufe ist ein Abschied und gleichwohl ein Gang in eine hoffnungsvolle Zukunft. Der Zwiespalt überträgt sich auf die Besucher. Es geht in die engen, oft überbesetzten Kabinen. Ein letzter Blick aus dem Bullauge: Mit dem Simon-Loschen-Leuchtturm verabschiedet sich Deutschland.

Hier begegnen Besucher den bewegenden Familiengeschichten von Auswanderern – und auch den ereignisreichen Lebenswegen von Menschen, die seit dem 17. Jahrhundert in Übersee ein neues Zuhause gefunden haben. Wie fühlt es sich an, die alte Heimat hinter sich zu lassen und in ein neues Leben aufzubrechen? Nach der Überfahrt dann die Ankunft in New York. In den 1890er-Jahren verschärften die USA ihre Einwanderungs-

bestimmungen. In Einwanderungsstationen entschieden die Behörden, wer einreisen durfte oder in sein altes Heimatland zurückkehren musste. Wieder bange Stunden, wieder eine Zeit voller Ängste. Die größte dieser

Aus Armut ein neues Zuhause suchen: Im Deutschen Auswandererhaus in Bremerhaven gehen die Besucher auf eine Zeitreise. Armut und Hoffnungslosigkeit trieb Tausende in die „Neue Welt".

Hautnah werden Geschichten der Auswanderer erzählt. In fast jeder deutschen Familie sind Auswanderer zu finden.

Deutsches Auswandererhaus
Columbusstr. 65
27568 Bremerhaven
Tel.: 0471/902200
www.dah-bremerhaven.de

Klein, aber fein zeigt sich der Zoo am Meer. In der liebevoll gestalteten Anlage fühlen sich nicht nur die Tiere pudelwohl.

Stationen befand sich auf Ellis Island, einer kleinen Insel vor New York: Mehr als 12 Millionen Menschen wanderten zwischen 1892 und 1954 über die „Insel der Tränen" in die USA ein. Auch der Besucher steht vor der Frage, ob er damals hätte einreisen dürfen. Mehr als sieben Millionen Auswanderer brachen über Bremerhaven nach Übersee auf.

Im Erweiterungsbau begleiten die Besucher anschließend einen Einwanderer auf seinem Weg nach Deutschland. Wie ging es damals den Italienern, den Spaniern und vor allem den Türken, die zu uns kamen? Auf einer Spurensuche lernen die Gäste die Geschichten der größten und bedeutendsten Einwanderungsgruppen in Deutschland kennen. Mit Sonderausstellungen, Führungen, Veranstaltungen und Tagungen vertieft das Erlebnismuseum, das 2007 als bestes Museum Europas ausgezeichnet wurde, besondere Aspekte des Themas Aus- und Einwanderung.

Zoo am Meer Bremerhaven

Zoo am Meer
H.-H.-Meier-Str. 7
27568 Bremerhaven
Tel.: 0471/30841-41
www.zoo-am-meer-bremerhaven.de

Was war das 2013 für ein Hoffen und Bangen im Zoo am Meer! War **Eisbärin Valeska** nun schwanger oder nicht? Sie war es. Da tauchte auch schon die nächste Frage auf. Wie würde sie ihr Junges annehmen? Schließlich sollte es die erste Eisbärengeburt seit 41 Jahren werden. Am 16. Dezember 2013 war es um 22:19 Uhr so weit. Valeska bekam ihr Junges. Das blinde und hilflose Wesen entwickelte sich dank mütterlicher Fürsorge prächtig. Lale wurde die junge Dame getauft.

Die Geschichte des Zoos in Bremerhaven begann 1912. „Tiergrotte" hieß der Zoo am Hafen. Seehunde, Robben und vor allem Eis-

Wo treffen sich Pinguin und Seehund? Natürlich im Zoo am Meer. Hier kann man auch die Schwimmkünste der Pinguine bestaunen.

bären lockten schon damals viele Besucher in die Anlage. Ab 2001 wurde der Zoo völlig neu gestaltet. Die tiergerechte Unterbringung stand bei der Planung ganz oben. Neben den vielen See- und Wassertieren wie Kormorane, diverse Gänsearten, Robben und Seehunde

sind auch Schimpansen und Puma im Zoo zu finden. Am 11. Dezember 2015 war es dann wieder so weit. Valeska bekam ihr zweites Baby. Wieder war es ein Mädchen und es wurde auf den Namen Lili getauft. Auch diese junge Dame entwickelte sich prachtvoll.

Wesermarsch – Storchenparadies

Gedeih und Verderb liegen oft dicht beieinander. Wenn im Frühjahr die Weser über die Ufer trat, brachte sie fruchtbaren Boden mit, den sie dort ablagerte. Mit dem Wasser kam aber auch die Gefahr, das ganze Hab und Gut zu verlieren. Deshalb begannen die Men-

schen in der Wesermarsch schon im Mittelalter Deiche zu bauen. Die wasserreiche Region war aber auch Heimat anderer Zweibeiner – der Störche. Wer in Berne den Weserradweg verlässt und Richtung Westen fährt, erreicht bald die **Storchenpflegestation**.

Melkhus Karin Schumacher

Deichstr. 1027804 Berne
Tel.: 04406/5526
www.brake-touristinfo.de/unterweser/
melkhus_rastplaetze.html

Mein persönlicher Tipp

Ich freue mich immer, wenn ich auf meinen Landpartien durch unseren schönen Norden „Melkhüser" entdecke. Das ist ein überaus erfolgreiches Projekt der niedersächsischen Landfrauen. In einem kleinen Häuschen werden Milchmixgetränke, Joghurt oder auch mal ein Kaffee mit Kuchen angeboten. Genau das Richtige also für eine schöne gemütliche Pause bei einer Radtour. Das **Melkhus** von Karin Schumacher im Berner Ortsteil Ohrt liegt genau am Radweg „Deutsche Sielroute" hinter dem Deich. Herrlich!

Seit 25 Jahren kümmert sich dort das Ehepaar Hilfers um Störche. Auf dem Grundstück hat man den besten Überblick auf Dutzende Storchenpaare. In der Station freut man sich über Besucher, es werden spezielle Führungen für Gäste angeboten. In der Nähe der Station brüten über 50 Weißstorchpaare. Viele haben ihre Nester in Bäume gebaut. Wenn die Störche im März/April aus ihrem Winterquartier in Afrika zurückkehren, beziehen sie wieder dasselbe Nest. Mit den Jahren kann es bis auf über zwei Meter Höhe wachsen und gut eine Tonne wiegen. Bei ihren Flügen kommt es immer wieder vor, dass sich Störche an Windkraftanlagen und an Hochspannungsleitungen verletzen. Um diese Vögel kümmern sich Udo Hilfers und seine Frau Anke. Der „Storchenvater" der Wesermarsch entdeckte seine Liebe zu den Tieren früh. Schon als Kind war

er erfolgreicher Rassegeflügelzüchter. Auf seinen Streifzügen durch die Natur der Wesermarsch stellte er fest, dass die Zahl der Weißstörche ständig abnahm. Den Tiefstand erreichten sie Mitte der 80er-Jahre. Udo Hilfers gründete ehrenamtlich seine Storchenpflegestation. Seither geht es mit den Storchenbeständen in der Region wieder bergauf. Um die 50 Dauerpatienten leben ganzjährig in der Station. Sie können aufgrund schwerer Verletzungen nicht mehr ausgewildert werden. Aber richtig turbulent wird es im Frühjahr, wenn die zurückkehrenden Störche eintreffen. Zum Teil haben sie seit ihrem Abzug Strecken von 20 000 Kilometer zurückgelegt. Die Störche der Wesermarsch fliegen auf verschiedenen Zugrouten. Der größte Teil gehört zu den „Weststörchen": Sie fliegen über Frankreich, Spanien, Gibraltar nach Afrika.

Storchenpflegestation
Wesermarsch

Storchenweg 6
27804 Berne-Glüsing
Telefon: 04406/1888
www.storchenstation.de

Familienglück bei Familie Storch in Berne. Die Storchenpflegestation ist die Heimat vieler Störche geworden.

Das Arboretum lädt zu einem Spaziergang durch die Welt der Bäume und Blumen ein. Ein Hauch Exotik gehört auch dazu.

Arboretum Neuenkoop
Neuenkooper Str. 64 ·
27804 Berne
Tel.: 044 06/22 45 36
www.arboretum-neuenkoop.de

Einige von ihnen überwintern auch in Spanien. Ein weiterer Teil fliegt die sogenannte Ostroute: Sie überfliegen den Bosporus über Israel. Meist überwintern sie in Zentralafrika, ziehen aber auch bis an den Indischen Ozean in Südafrika. Nachdem sie ihren Horst bezogen und neu aufgebaut haben, legt die Storchendame zwischen drei und fünf Eier. Gebrütet wird abwechselnd von beiden Partnern. Nachts sitzt allerdings die Storchendame auf den Eiern. Ab 32 Tage schlüpfen die Jungen. Die Nesthocker haben einen enormen Appetit. Die Elterntiere sind einzeln auf Futtersuche, da ein Storch immer die Brut bewacht. Mäuse, Frösche und andere Kleintiere stehen auf dem Speiseplan. Viel Zeit bleibt nicht. Im Juli/ August müssen sich die Jungtiere bereits für den Flug ins Winterquartier vorbereiten. In den Sommermonaten haben auch Udo Hilfers und seine Frau alle Hände voll zu tun. Es sind immer etliche kranke und verletzte Tiere zu versorgen. Da ist ein Junges aus dem Nest gefallen, da ein Storch mit gebrochenen Flügel und wieder hat sich ein Adebar in einem Plastiknetz verheddert. Der gemeinnützige Verein Storchenpflegestation Wesermarsch ist Träger der Station. Ohne Spenden, nur mit ehrenamtlichem Engagement von Tier- und Storchenfreunden wäre die Station gar nicht zu finanzieren. Der Erfolg der ehrenamtlichen Arbeit ist im Sommer oft auf den Wiesen und Feldern zu sehen. Ist es nicht einfach schön, wenn Adebar stolz über das Grün der Wesermarsch schreitet oder am Himmel seine Kreise zieht?

Mein persönlicher Tipp

Wenn Sie auch so gern selbst gebackene Kuchen und Torten von Landfrauen essen wie ich, wird Sie das „Moor-riemer Landcafé" begeistern. In einer liebevoll restaurierten Fachwerkscheune in Bardenfleth, einem Ortsteil von Elsfleth, betreiben Landfrauen seit Jahren das Café, das inzwischen über den Geheimtipp-Status hinaus ist. Seien Sie nicht enttäuscht, wenn Sie bei Ihrem Besuch mal ein bisschen auf einen Platz warten müssen.

Noch ein kleines Stück weiter westlich, da liegt das **Arboretum Neuenkoop**. Vor mehr als 20 Jahren kaufte Matthias Rieger einen Resthof mit benachbartem Weideland. Wo einst Kühe grasten, sollte ein Traum wahr werden. **Matthias Rieger** wollte Bäume wachsen sehen. Neben vielen einheimischen Hölzern, die er pflanzte, war er von der Idee beseelt, auch Exoten zu züchten. Die Wesermarsch hat ein relativ mildes Klima im Winter. Blauglockenbäume, Kamelien, Seidenbäume, Kleeulmen, Schlangentannen und Feigen baut er an. Mehr als 1000 verschiedene Arten und Sorten, schätzt Rieger, gedeihen im Arboretum.

Um den Exoten ein möglichst günstiges Klima zu bieten, pflanzte er sie in der Nähe des Hauses oder in neu gestalteten Innenhöfen. Seit 2008 ist das Arboretum auch für die Öffentlichkeit zugänglich. Neben der klimatischen Gliederung gibt es auch eine thematische Anordnung. Es gibt einen maurischen Garten mit typisch mediterranen Pflanzen, einen englischen Cottagegarten und einen kleinen Weinberg. Sichtachsen ermöglichen einen Blick in die Ferne. Das Arboretum ist ein Paradies für Gartenfreunde, die hier reichlich Ideen und Tipps finden.

Und weiter geht es nach **Brake**. Brakes Wahrzeichen ist der 1846 unter dem oldenburgischen Großherzog errichtete **Telegraf**. Der Backsteinbau war Bestandteil einer zwischen Bremen und Bremerhaven eingerichteten Telegrafenlinie. Das Gebäude beherbergt seit 1960 das **Schifffahrtsmuseum**. Anhand zahlreicher Ausstellungsstücke, darunter Schiffsporträts und -modelle, Galionsfiguren, Seekarten, nautische Instrumente und Reisemitbringsel, wird auf insgesamt sieben Stockwerken die Schifffahrtsgeschichte des oldenburgischen Unterweserraums dargestellt. In

Schifffahrtsmuseum Unterweser
Breite Str. 9
26919 Brake (Unterweser)
Tel.: 04401/4383 und
04401/6791
www.schiffahrtsmuseum-brake.de

Vom Turm des alten Telegrafen bietet sich ein herrlicher Ausblick auf die Weser.

dass sie ihre überlegene Stellung nicht der Beeinträchtigung anderer verdanken. Trotzdem haben alle ihre Waffen bereit und, wenn es die Lage erfordert, ein Heer; Männer und Pferde im Überfluss. Auch wenn sie sich nicht rühren, bleibt ihr Ruf derselbe …" (aus: „Germania", Kapitel 35, „Die Chauken")

In der Folgezeit wurden die Chauken unterschiedlich beschrieben. Mal galten sie als Seeräuber, mal als friedliche Siedler. Dann verliert sich ihre Spur in der Geschichte. Einige Historiker meinen, dass sie sich mit den Friesen mischten, andere nehmen an, dass sie später zu den Sachsen zählten. Was blieb, war die wechselvolle Geschichte der Wesermarsch. Im späten Mittelalter war sie eingedeicht und damit war die Voraussetzung für eine erfolgreiche Viehzucht gegeben.

Nordenham und Umgebung

Einst hat der Ochsenhandel und die Ochsenmast die Region wohlhabend gemacht. Heute finden regelmäßig Ochsentage statt, die an das köstliche Fleisch erinnern.

Die Viehzucht und vor allem die **Ochsenmast** brachte Geld. Ochsen werden seit mehr als 500 Jahren in den Grünlandbetrieben der Küstenmarschen gehalten. Die artgerechte und natürliche Aufzucht auf den „fetten" Marschweiden lässt das Fleisch langsam reifen. Eine hervorragende Qualität ist das Ergebnis. Heute wird es als saisonale und regionale Spezialität geschätzt: Restaurants, Landwirte und Schlachter haben sich zusammengetan, um das Fleisch in vielen Variationen den Gästen anzubieten. Während der

Ochsenwochen lebt der gute Geschmack in der Wesermarsch wieder auf. Ochsenfleisch war besonders in England beliebt. Im 19. Jahrhundert blühte der Handel mit der Insel auf.

Der Kaufmann Wilhelm Müller ließ 1857 gemeinsam mit Johann Friedrich Hansing einen Schiffsanleger, den so genannten Ochsenpier, auf dem Gelände von **Gut Nordenham** errichten. Bis 1877 wurde von hier aus Vieh nach England transportiert und Nordenham stieg zu einem wichtigen Verladeort und Handelsplatz auf.

Nach der Gründung der EU wurde kein Unterschied mehr zwischen Bullen- und Ochsenfleisch gemacht, was geschmacklich gesehen eine Katastrophe ist. Bullen wachsen wesentlich schneller und bringen so den Landwirten mehr Geld. Das Fleisch ist aber längst nicht so zart und geschmackvoll wie das der Ochsen. Dank der Ochsentage haben die Gäste die Möglichkeit, dieses Fleisch zu kosten.

Blexen ist heute ein Stadtteil von Nordenham, hat aber seinen ländlichen Charakter bewahrt. Von hier aus startet die Fähre nach Bremerhaven. Erstmals wurde Blexen urkundlich im Jahr 789 aus Anlass des Todes des Bischofs Willehad erwähnt. Zu dem Zeitpunkt lag Blexen, noch abgetrennt vom Festland durch das Flüsschen Heete, auf einer Insel. Die St.-Hippolyt-Kirche wurde im Laufe der nächsten Jahrhunderte zur Wallfahrtskirche, sie diente aber in ihrer langen Geschichte auch als Befestigungsanlage und Seezeichen.

Die Fähre bei Blexen ist die schnellste und gemütlichste Verbindung nach Bremerhaven. Schippern mit herrlicher Aussicht.

**Nordenham
Marketing & Touristik e. V.**
Marktplatz 7
26954 Nordenham
Tel.: 04731/9364-0
www.nordenham.net

Mein persönlicher Tipp

Zwischen **Nordenham** und **Bremerhaven** gibt es eine regelmäßige Fährverbindung über die Weser. Bremerhaven ist die größte Stadt an der Nordsee und hat eine schöne „Meile" entlang des Wassers. Meine Begeisterung für das Deutsche Auswandererhaus habe ich an anderer Stelle ja schon beschrieben, aber auch das Klimahaus gleich nebenan und der Zoo am Meer sind einen Besuch wert. In Nordenham geht alles eine Spur gemütlicher, aber keinesfalls langweiliger zu. Von dort geht es weiter mit dem Rad durch die urwüchsige Halbinsel Butjadingen.

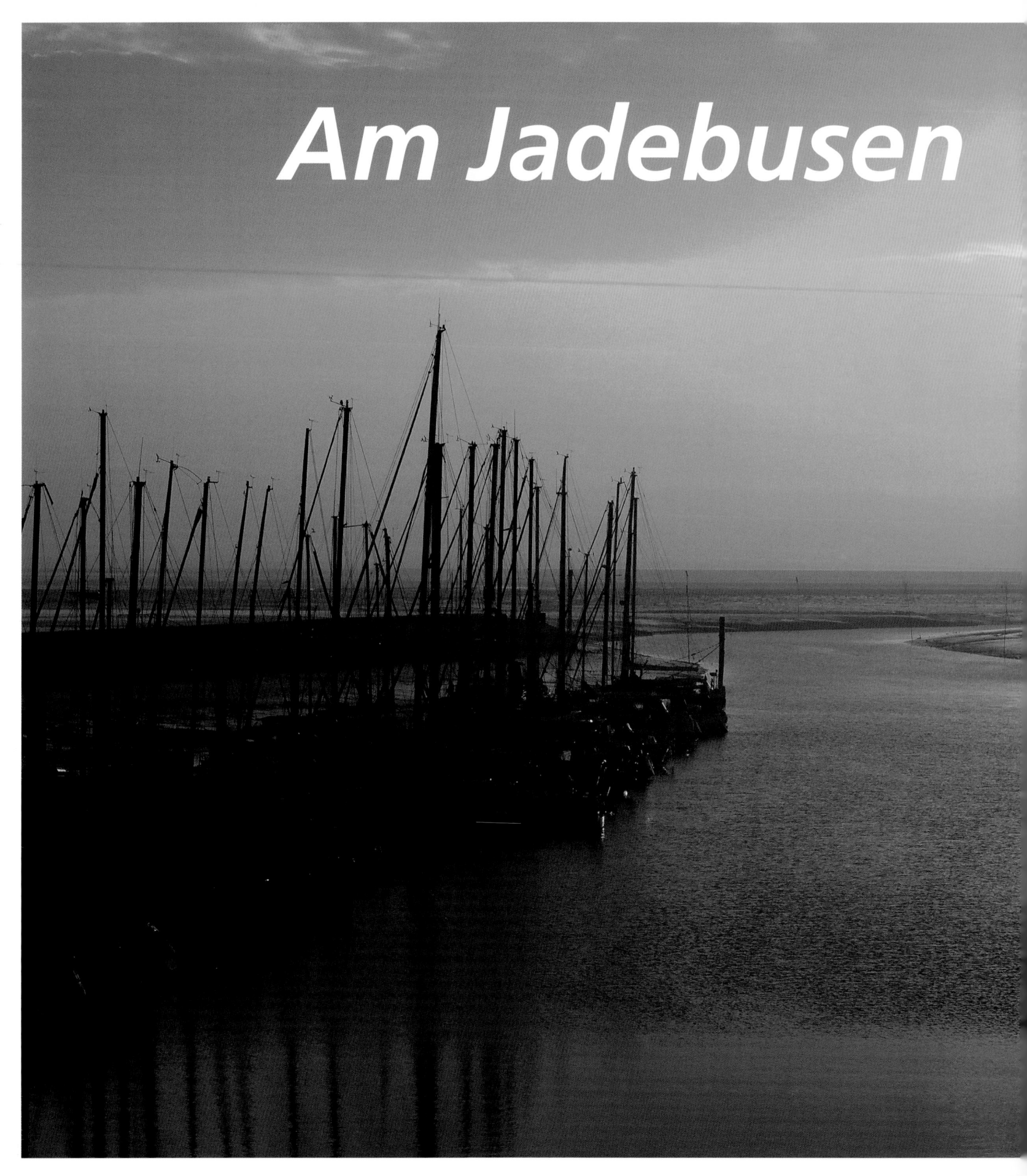

Am Jadebusen

Die Nordsee hat den Jadebusen immer wieder verändert, doch erst der Deichbau gab ihm seine heutige Form. Dazu gehört eine weltweit einzigartige Landschaft – das Schwimmende Moor. Butjadingen war lange Zeit eine Insel. Die Geschichte der Schifffahrt ist dort bis heute lebendig. In Fedderwardersiel liegen viele Krabbenkutter im Hafen. In Dangast, auf der östlichen Seite des Jadebusens, entstand das erste Kurbad auf dem Festland an der Nordseeküste. Eine Besonderheit – Dangast liegt auf einem Geestrücken und hat keinen Deich. Das schafft Weitblick. Einblick bekommen die Gäste, wenn sie mit der „Etta von Dangast" über den Jadebusen schippern. Bei Ebbe erinnert er an eine Mondlandschaft, die in der Sonne glitzert. Gegenüber von Dangast leuchten die Lichter Wilhelmshavens. Die Stadt der Marine entstand im kaiserlichen Deutschland auf dem Reißbrett. Die Lage war ideal: Wilhelmshaven hat einen natürlichen Tiefseehafen, der heute für Containerschiffe hervorragend geeignet ist. Die Giganten der Meere bestaunen auch die Gäste in Hooksiel und Horumersiel. Die beiden Küstenorte haben einiges zu bieten. Freunde des Pferdesports, Kunstliebhaber und Gruselfans kommen voll auf ihre Kosten. Besuche am Strand gehören natürlich auch dazu.

Küste, Kühe, Künste – Dangast

Kleine Boote und Yachten liegen im Dangaster Hafen. Sie gehören meist den Einheimischen.

Kurverwaltung Nordseebad Dangast
Edo-Wiemken-Str. 61
26316 Varel
Tel.: 0 44 51/91 14-0
www.dangast.de

Das Nordseebad Dangast hat seinen bäuerlichen Charme bis heute bewahrt. Die schwarz gescheckten Kühe haben eine lange Geschichte.

In **Dangast** gibt es „Seekühe", lächelt Bauer Henning und zeigt stolz auf den Teich, den seine Kühe gleich am Dorfeingang bei Hitze besonders zu schätzen wissen. Friesland ist Milchland und daran hat auch der wachsende Tourismus rund um Dangast nichts geändert. Ob auf dem Hof von Funkes oder Sauers, die Landwirte vermieten zwar Zimmer und Ferienwohnungen, aber das wichtigste Standbein bleibt nach wie vor die Landwirtschaft. Dies wissen auch die Gäste zu schätzen. Keine Hochhäuser, keine Geschäfte, die Nippes feilbieten, keine laute Touristenmeile. Stattdessen grasende Kühe und Pferde, Weizenfelder und blühende Wiesen. Und für die Nordrhein-Westfalen ist Dangast der südlichste Ort an der Nordsee und damit schnell zu erreichen.

Gleich am Ortsanfang betreibt Ralf seinen Dorfkrug und der ist bis heute Treffpunkt der Einheimischen. Auf der anderen Straßenseite gibt es ausgesuchte Antiquitäten. Ein Stück weiter hat Hannah Bergmann ihr Café in einem Reethaus. Die Eierlikör-Birnentorte ist ein Geheimtipp. Vor gut einem Jahr hat Hannah das Café übernommen. Frischer, junger Wind tut auch einem historischen Gebäude gut. Eingerahmt von über 100-jährigen Eichen hat sich ein Garten entwickelt, der ein wahres Blütenmeer bietet. Die hochstämmigen Obstbäume bieten im Sommer schattige Plätze.

Mein persönlicher Tipp

Dangast – ein hübscher Ort direkt am Jadebusen – zog schon immer Künstler und Individualisten an. Vor rund 100 Jahren kamen die „Brücke"-Maler Erich Heckel, Max Pechstein und Karl Schmidt-Rottluff nach Dangast, um sich von der Weite und dem Licht inspirieren zu lassen. Heute führt ein **Kunstpfad** durch den Ort, in dem die Akademie Dangast Mal- und Zeichenkurse anbietet. Und im **„Dangaster Reethaus"** können Sie bei Kaffee und Kuchen wunderbar entspannen.

Ein süßer Traum im Reethaus

Generationswechsel im alten Reethaus. Hannah Bergmann hat vor zwei Jahren das Café von Sabine Herla übernommen.

Dangaster Reethaus
Edo-Wiemken-Str. 4
26316 Varel
Tel.: 04451/3082
www.dangaster-reethaus.de

Vor 16 Jahren kam **Sabine Herla** nach Dangast. Sie hatte einen Traum im Gepäck: ein eigenes, kleines Café. Zu dieser Zeit lebte sie noch in Göttingen, arbeitete als Erzieherin in einem Kindergarten und hatte von Eltern und Vorgesetzten die Nase voll. Veränderung stand an. Geboren wurde Sabine Herla in Brake an der Unterweser. Die Liebe zum Wasser ließ sie nie los, folglich sollte ihr Cafétraum möglichst auch in der Nähe von Wasser wahr werden. In Dangast wurde sie fündig: Ein altes Reethaus stand zum Verkauf. Es war Liebe auf den ersten Blick. Bis zu diesem Zeitpunkt wurde das Reethaus nur als Pension genutzt. Sabine Herla setzte sich in den Garten, durchkämmte das Haus, bis in ihrer Fantasie ein konkretes Bild entstand. Ein Garten voller Pflanzenpracht, ein Teich und Sitzgruppen, die sich harmonisch eingliedern. Die Zimmer im Haus wollte sie alle unterschiedlich gestalten. Individualität bis ins Detail war ihr

Ziel. Kuchen backen, Tee und Kaffee zubereiten und Zimmer vermieten schien eine durchaus überschaubare Größenordnung an Arbeit.

Sabine Herla unterzeichnete den Kaufvertrag. Und schon kamen die ersten Unkenrufe. Am Ortsrand von Dangast? Jenseits der Touristenmeile? Konkurrenz zum alten Kurhaus? Nee, das kann doch nichts werden. Sabine Herla sah das anders. Im alten Dorf, wo das Reethaus steht, hat Dangast sein Gesicht bewahrt. Viele Besucher schätzen das Ursprüngliche. In der Nachbarschaft gibt es noch reichlich Landwirte. Wer möchte, kann den Wechsel der Jahreszeiten hier hautnah erleben. Zum Erlebnis wurde auch das Café und die damit verbundene Arbeit. Morgens Frühstück machen für die Hausgäste, dann einkaufen, Zimmer machen, Kuchen backen und um 14 Uhr das Café öffnen. Um 18 Uhr schließen, klar Schiff machen und danach die Buchführung erledigen.

Oft, gibt Sabine Herla heute zu, saß sie abends in ihrem Zimmer und weinte. Der Traum schien zum Albtraum zu werden. Da tauchte Gisela Augustat auf. Sie hielt Sabine oft den Rücken frei, packte an und war nicht nur die gute Seele des Cafés, sondern auch Fels in der Brandung. Schritt für Schritt und wie es die Einnahmen zuließen wurde der Traum immer mehr zur Wirklichkeit. Tannen, wie eine dunkle Mauer im Garten, verschwanden und Obstbäume wurden gepflanzt. Rosenbeete kamen hinzu. Ein Teich mit Brücke entstand. Und 1000 Tulpen sind Boten des Frühjahrs. Dann kam Hannah Bergmann. Sie wollte unbedingt ein Café aufmachen. Nach 14 Tagen waren sich die Frauen einig – Hannah übernimmt das Café.

Gut 300 Jahre ist das Reethaus alt. Aus dem Bauernhaus ist ein Café und eine Pension mit weitläufigem Garten entstanden.

Reethäuser waren früher typisch für Friesland. Heute werden die wenigen, die geblieben sind, gehegt und gepflegt.

Dangast und die Künstler

Vor über 100 Jahren kamen die ersten Künstler nach Dangast und prägten nachhaltig das Dorf. Bis heute fühlen sich die Künstler in Dangast zu Hause.

Kurhaus Dangast

An der Rennweide 46
26316 Varel
Tel.: 0 44 51/44 09
www.kurhausdangast.de

Im Sommer genießen die Gäste vom alten Kurhaus die Terrasse mit Meerblick.

Dangast ist der älteste Kurort an der ostfriesischen Küste! Halt, hört man da die Dangaster protestieren. Dangast ist Friesland und nicht Ostfriesland. Gut, dann ist Dangast eben der älteste Kurort an der Küste zwischen Cuxhaven und Emden. Und der einzige ohne Deich. Dangast liegt auf einem Geestrücken, das schafft Überblick – vor allem aufs Wasser. Ende des 18. Jahrhunderts kam ein gewisser Graf Bentinck, inspiriert durch die englischen Badeorte auf die Idee, aus dem kleinen Fischer- und Bauerndorf einen Kurort zu machen. Das Kurhaus entstand, daneben das Badehaus, das Logierhaus, Ställe und weitere Unterkünfte. Bis dicht ans Wasser reicht in Dangast der Wald. Damit die noble Kurgesellschaft nicht durchs Moor zwischen Varel und Dangast waten musste, ließ der Graf einen Damm bauen. So entstand das heutige Langendamm, das seinem Namen alle Ehre macht.

1882 übernahm Carl Gramberg die ganze Kuranlage. Die **Familie Gramberg** gehört zu den Dangaster Urgesteinen und es gibt heute noch das Fischrestaurant **Haus Gramberg** an der Rennweide. Keine 100 Meter entfernt

steht das alte **Kurhaus** – die Kultstätte in Dangast oder das Herz des Ortes, oder, oder, oder … da gibt es viele Meinungen und ganz viele persönliche Erlebnisse.

„Bei uns verkehren alle – vom Pauker bis zum Punker", sagt **Maren Tapken** mit einem Lächeln. Sie betreibt das **Kurhaus** mittlerweile schon in der vierten Generation. Anfang des 20. Jahrhunderts zog es bereits die ersten Künstler nach Dangast. Karl Schmidt-Rottluff und Ernst Heckel, die „Brücke"-Maler, kamen regelmäßig. Damals waren sie noch arme Studenten, aber beseelt von einem neuen Malstil. In Dangast fanden sie das Licht, das sie suchten. Das Dorf bot ihnen Motive, die ihre Sehnsucht nach dem Ursprünglichen stillten. Bald folgte Franz Radziwill, der bis zu seinem Tod in Dangast blieb. In den 70er-Jahren kamen die Aktionskünstler. Das alte Kurhaus war immer ihr zweites Zuhause. Bilder gegen Essen und Trinken – das war damals üblich.

Heute finden regelmäßige Lesungen, Ausstellungen und Musikevents statt. Von der Terrasse des alten Kurhauses und der benachbarten Klause gibt es einen herrlichen Ausblick auf den Sonnenuntergang über den Jadebusen.

Zu dieser Zeit kehrt oft **Käpt'n Anton** mit seiner **„Etta von Dangast"**, einem Passagierschiff, in den heimischen Hafen zurück. Er war mit seinen Gästen zu den Seehundbänken und zum Arngaster Leuchtturm unterwegs. Auf der mehrstündigen Fahrt hat Käpt'n Anton den Passagieren viel über die Geschichte des Jadebusens erzählt. Verheerende Sturmfluten im 14. und 15. Jahrhundert haben Dörfer zerstört und die Küste immer wieder neu gestaltet. An einem lauen Sommerabend ist von diesen Naturgewalten allerdings nichts zu merken, aber jeder ahnt, welche unberechenbaren Kräfte das Meer haben kann.

Haus Gramberg

An der Rennweide 44
26316 Varel
Tel.: 04451/2779

Etta von Dangast

Anton Tapken
Bordumer Str. 4
26316 Varel
Tel.: 04451/7963

Der Kunstpfad in Dangast führt durch den Wald, der bis zur Küste reicht, und am Deich entlang.

**Michael Kusmierz –
Beate Lama**

Ateliergemeinschaft
„friesART"
Am Alten Deich 6
26316 Varel
Tel.: 04451/9619731
und 0157/5125 7413

Der Künstler Michael Kusmierz
hat mal als Kellner gearbeitet
und seine Erfahrungen gleich in
Bilder umgesetzt – ganz schön
realistisch.

Auf den Kunstpfaden durch Dangast gibt es auch reichliche Begegnungen mit den Künsten der Gegenwart. **Beate Lama** und **Michael Kusmierz** haben eine Ateliergemeinschaft gegründet. Beide schaffen nicht gerade Kunst fürs Wohnzimmer, aber eine spannende Auseinandersetzung mit der Moderne – und mit neuen Techniken. Michael Kusmierz hat die Computermalerei für sich entdeckt. Er ist fest davon überzeugt, dass sie eine große Zukunft hat. Das Spektrum der Möglichkeiten scheint grenzenlos. Wenn er nicht gerade am Computer arbeitet, sitzt er ganz konventionell an seinem Skizzenbuch mit spitzer Feder. Da kommt auch schon mal

Böses dabei heraus. In kleiner, aber feiner Auflage ist sein „Dangaster Bösenbuch" zu haben. Freche Bilder mit ebenso frechen Texten betrachten den Küstenort aus der satirischen Perspektive. Michael meint, dass jeder Ort ein Bösenbuch verdient hätte. Beate Lama fotografiert und gestaltet Installationen. Ihre Aufgabe sieht sie darin, den Alltag mit einem anderen Blick zu sehen. Sie entdeckt das Gewöhnliche und setzt es in einen anderen Zusammenhang. Da werden Unterwelten ans Licht gebracht, Landschaften auf ihren Kern reduziert und Gegenstände zu Farbflächen. Das Kurhaus und die Künstler machen Dangast – nein, sie sind Dangasts kreative Seele.

Urlaub bei einem Minister a. D.

So richtig ruhig ist es nur nachts auf dem Hof des ehemaligen Landwirtschafsministers **Karl-Heinz Funke**. Seine Frau Petra und Tochter Greta betreiben den Reiterhof. Nicht nur das Ponyreiten und der Reitunterricht halten die Frauen auf Trab, auch die Ferienwohnungen und der Campingplatz fordern Zeit. Der ehemalige Minister lässt es da ruhiger angehen. Mit seiner Pfeife im Mund klettert er auf den Trecker und fährt zu den Ländereien. Stroh und Heu braucht nicht nur der Reiterhof. Die Funkes halten auch noch Fleischrinder, die

Sohn Theile mit seiner Frau Johanna im eigenen Hofladen vermarkten. Karl-Heinz Funke findet es gut, dass der Tourismus nicht die Landwirtschaft in und um Dangast verdrängt hat. Wie bei den Funkes ist auch der Hof von Familie Sauer für die Besucher geöffnet. Diese können sehen, wie die Milch produziert wird, und die Kinder sitzen gerne bei Hauke Sauer mit auf dem Trecker. Landwirtschaft und Tourismus ergänzen sich, öffnen den Blick für die Produktion von Lebensmitteln und machen nebenbei auch noch Spaß.

Familie Funke lebt auf einem alten Friesenhof am Dorfrand. Sohn Theile Funke züchtet Fleischrinder.

Bauern- und Pferdehof Funke

Zum Jadebusen 177
26316 Varel-Dangast
Tel: 04451/6520 oder
0174/6425812
www.bauernhof-pferdehof.de

Mein persönlicher Tipp

Auf unserer Tour um den Jadebusen möchte ich Ihnen noch den **Thoelen-Hof** in **Süderschwei** empfehlen. Es ist ein Archehof, auf dem bedrohte Haustierrassen gehalten werden, wie etwa das Bunte Bentheimer Schwein, die Thüringer Waldziege oder das Meißner Widderkaninchen. Die vier Generationen der Familie Thoelen haben sich der Zucht dieser alten Tierrassen verschrieben und vermarkten auch ihre Produkte. Sie können die Tiere hautnah erleben oder auch eine Kutschfahrt mit irischen Tinker-Pferden unternehmen.

Friesland exotisch – Yard Art

Yard Art
Diedel Klöver
Dangaster Str. 96 b
26316 Varel
Tel.: 0 44 51/55 19

So schön kann Schrott sein. Diedel Klöver hat in seinem Atelier die lebensgroße Büste eines Gorillas geschafften.

Von Dangast nach Rallenbüschen sind es gut zwei Kilometer. Und wenn man plötzlich vor einer lebensgroßen Giraffe aus Schrott steht, ist man bei **Diedel Klöver** angekommen. **Yard ART** steht mittlerweile nicht nur in der Region für hochwertige Kunst aus Schrott, sondern auch für hervorragenden Reggae. Wie Reggae und Schrott zusammenkamen, das ist eine eigene Geschichte. Schon als junger Mann war Diedel Klöver von der Musik aus Jamaika begeistert, die ihn von fernen Ländern träumen ließ. Um seine Sehnsucht nach Exotik und vor allem nach der geliebten Musik zu finanzieren, jobbt er. Dann endlich – 1983 – fuhr er zum ersten Mal nach Jamaika. Er betrat eine andere Welt und es entstand eine Liebe, die so dicht bei seinen Träumen lag. Zwei Jahre später, als er schon fest als Bassist in der Reggae-Szene angekommen war, lernte er auf Jamaika seine spätere Frau Gracy kennen. Mit Gracy kehrte er nach Friesland zurück, wo zu dieser Zeit sein Freund

Willy bereits mit Schrott arbeitete. Schrott fand auch Diedel gut und lernte das Schweißen. Was soll das denn, fragten sich so manche Friesen und sahen dem Treiben mit Reggae-Musik eher skeptisch zu. Die ersten Kunstwerke entstanden und mit ihnen wich die Skepsis. In Diedel Klövers Objekten leben afrikanische Tiere wieder auf, die ein unglaubliches Gespür für Bewegung und Form ausstrahlen. In dem gut einen Hektar großen Garten kann der Besucher auf Schrottsafari gehen. Und im Sommer findet regelmäßig Gracy's Bash statt. Was einst als Geburtstagsevent für Diedels Frau begann, hat sich zum Kultfestival der Reggae-Szene in Norddeutschland gemausert.

Die Tiere Afrikas, die Musik Jamaikas und die Weite Frieslands – das sind die Welten, die Diedel Klöver und seine Frau Gracy begeistern. Regelmäßige Konzerte und Ausstellungen gibt es im großen Garten.

Museumsreifer Schwachsinn in Varel

Sich mal so richtig dem Schwachsinn hingeben. Im Spijöök im Vareler Hafen haben die Besucher ausgiebig Zeit dazu. Hinter jedem Ausstellungsstück steckt garantierter Schwachsinn.

Spijöök Museum

Kohlhof 5
26316 Varel
Tel.: 04451/4488
www.spijöök.de

Hinter dem Sperrwerk in Varel lohnt ein Abstecher zum Vareler Hafen. Dort steht, wie behauptet wird, die kleinste Kneipe Deutschlands. Wer den kleinen Backsteinbau mit Zapfanlage sieht, glaubt es sofort. Auf der anderen Seite des Kanals liegt ein Museum, das sich mit dem Schwachsinn beschäftigt. Alles ist schwachsinnig, was dort ausgestellt ist. Das fängt schon vor der Eingangstür an: Da steht ein kleines Zwei-Mann-U-Boot, von dem behauptet wird, es sei das erste sowjetische Atom-U-Boot. Im **Museum Spijöök** sind völlig sinnlose Preziosen aus dem Leben des Käpt'n Brommi und anderer friesischer Seefahrer zu sehen. Unter sachkundiger Führung entfaltet sich die ganze Welt des Unsinns. Und zu jedem Unfug gibt es eine passende Geschichte, die garantiert nicht passt. Das Spijöök ist friesischer Humor in Reinkultur.

Auf der östlichen Seite des Jadebusens liegt – im besten Sinne des Wortes – das **Schwimmende Moor**. Diese Laune der Natur ist einzigartig. Bei heftigen Sturmfluten wird das Moor mit all seinem Bewuchs unterspült und hoch gehoben. Früher war das Moor besiedelt. Selbst die Häuser wurden von der Sturmflut bzw. vom schwimmenden Moor getragen. Seit dem 18. Jahrhundert ist ein Teil des Moors eingedeicht. Durch den schwammigen Untergrund sackte der Deich immer wieder ab. Heute stützen gigantische Spundwände den Deich.

Ein Holzsteg führt durch den Teil des Moors, der an die Nordsee grenzt. Auf wenigen hundert Metern erlebt der Besucher zwei völlig unterschiedliche Pflanzenwelten: im Moor die fleischfressenden Pflanzen, die Birken und Sumpfpflanzen, während nur wenige Schritte weiter die typischen Pflanzen des Küstenstreifens, die Salzgräser, stehen, darunter der Queller.

Mein persönlicher Tipp

Auch in **Varel** möchte ich Ihnen einen Ort der Künste ans Herz legen. Direkt am hübschen Hafen steht das alte Zollamt, in dem heute regelmäßig Künstler aus der Region ausstellen. Die Goldschmiedin und Designerin Alexandra Mergili hat in der Galerie Zollamt ihre Werkstatt, in der sie ihren „**fangfrischen Schmuck aus dem Norden**" kreiert, wie z. B. einen Wattwurmring oder einen Herzmuschelanhänger aus Gold. Schön und sinnlich!

Butjadingen und Sehestedt

Was macht man mit einer alten **Windmühle**, die denkmalgeschützt ist? Man nutzt sie zur Kulturarbeit. Dies haben sich jedenfalls die Sehestedter gedacht. Nicht weit von der Küste in Butjadingen, das heute zur Wesermarsch gehört, liegt der beschauliche Ort. Und wenn Konzerte, Ausstellungen oder Kunstkurse stattfinden, kommen die Besucher von weit her. Die rege Kulturszene von Sehestedt hat sich einen ausgezeichneten Ruf erarbeitet und konnte nur entstehen, weil die Sehestedter tatkräftig mit anpackten. Das hat Tradition und war oft überlebenswichtig. Von den großen Sturmfluten des Mittelalters, die die Nordseeküste neu gestalteten, wurde Butjadingen besonders hart getroffen.

Nach der **Zweiten Marcellusflut** 1362 war Butjadingen zeitweise eine Insel nördlich der Heete. Bis ins Mittelalter gehörte das Gebiet zur autonomen friesischen Landesgemeinde Rüstringen. Die Butjadinger waren ein friesischer Volksstamm, der durch Häuptlinge regiert wurde. Erst nach verlustreichen Schlachten wurde Butjadingen ab 1385 von Bremen regiert. Die vielen Sturmfluten forderten Opfer, bei denen zahlreiche Orte für immer in den Fluten versanken. Eine der folgenreichsten Sturmfluten war die Weihnachtsflut 1717. Ein Drittel der Bevölkerung fiel dem blanken Hans zum Opfer. Erst die stetige Eindeichung brachte mehr Sicherheit. Was blieb, das war die gegenseitige Hilfe: In der Not

Jade Touristik
Bäderstr. 2
26349 Jade
Tel.: 04455/1458

Wo einst in der Mühle in Sehestedt Getreide gemahlen wurde, wird heute ein vielfältiges Kulturprogramm geboten.

**Kulturzentrum
Seefelder Mühle e.V.**
Hauptstr. 1
26937 Stadland/Seefeld
Tel.: 04734/1236
www.seefelder-muehle.de

Mein persönlicher Tipp

Ein Geheimtipp am westlichen Jadebusen ist die **Seefelder Mühle** mit Mühlencafé, Landfrauenmarkt und regelmäßigen Konzerten, Theateraufführungen, Workshops und Ausstellungen im Müllerhaus. Es lohnt sich unbedingt, mal nach Seefeld zu fahren. Wenn Sie außerhalb der Öffnungszeiten kommen, gibt es sogar „Kunst aus dem Automaten": Für 3 EUR bekommen Sie wie an einem Kaugummiautomaten ein kleines Überraschungskunstwerk. Herrlich!

Mein persönlicher Tipp

Friedlich grasende Schafe auf einem Nordseedeich – ich liebe dieses typisch norddeutsche Bild! Wenn Sie einmal aus erster Hand etwas über das Leben direkt hinter dem Deich, über Sturmfluten und die wichtige Funktion der Schafe für den Hochwasserschutz erfahren wollen, dann sind Sie in der **Deichschäferei Feldhusen** in **Langwarden** genau richtig. Die sympathische Schäferin Anke Plümer erzählt jeden Mittwoch bei einem öffentlichen „Schäferstündchen" anschaulich über das Leben mit ihren etwa 500 Mutterschafen hier draußen am nördlichsten Ende des Jadebusens. Im „Melkhus" kann der Besucher sich bei Kaffee oder Milch stärken und im Hofladen leckere Lammsalami oder Schafwolle für zu Hause kaufen.

Kein Sonnenuntergang an der Nordsee ist gleich, aber immer wieder ein Spektakel.

rückten die Menschen zusammen – und nicht nur da. Die Friesen hatten immer in ihrer Geschichte etwas gegen fremde Besatzung, auch wenn sie aus dem benachbarten Bremen oder Oldenburg kam. Möglicherweise lag es an dem harten Leben, an der Abgeschiedenheit und an ihrem Überlebenswillen, dass sie die Besatzer nur schwer ertrugen und sich ständig wehrten. Der Adel spielte an der Küste nie eine herausragende Rolle. Besetzen, das ging ja gerade noch, aber sich bloß nicht ansiedeln. Die aufsässigen Friesen brachten nur Ungemach. Außerdem waren sie auch bereit, Seeräubern Unterschlupf zu bieten. Zum Meer hin war die Küste offen, aber nur scheinbar. Das Wattenmeer ist bis heute schwer für die Seefahrt einzuschätzen. Immer wieder verändern sich die befahrbaren Priele. Daran hat sich über die Jahrhunderte nichts geändert.

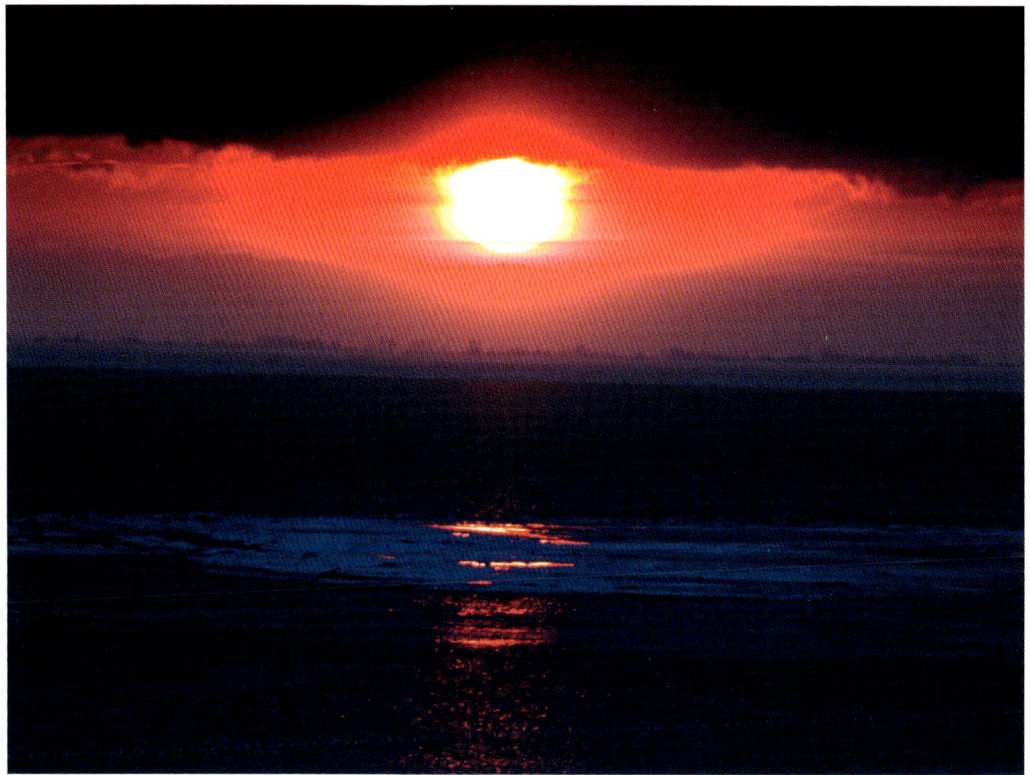

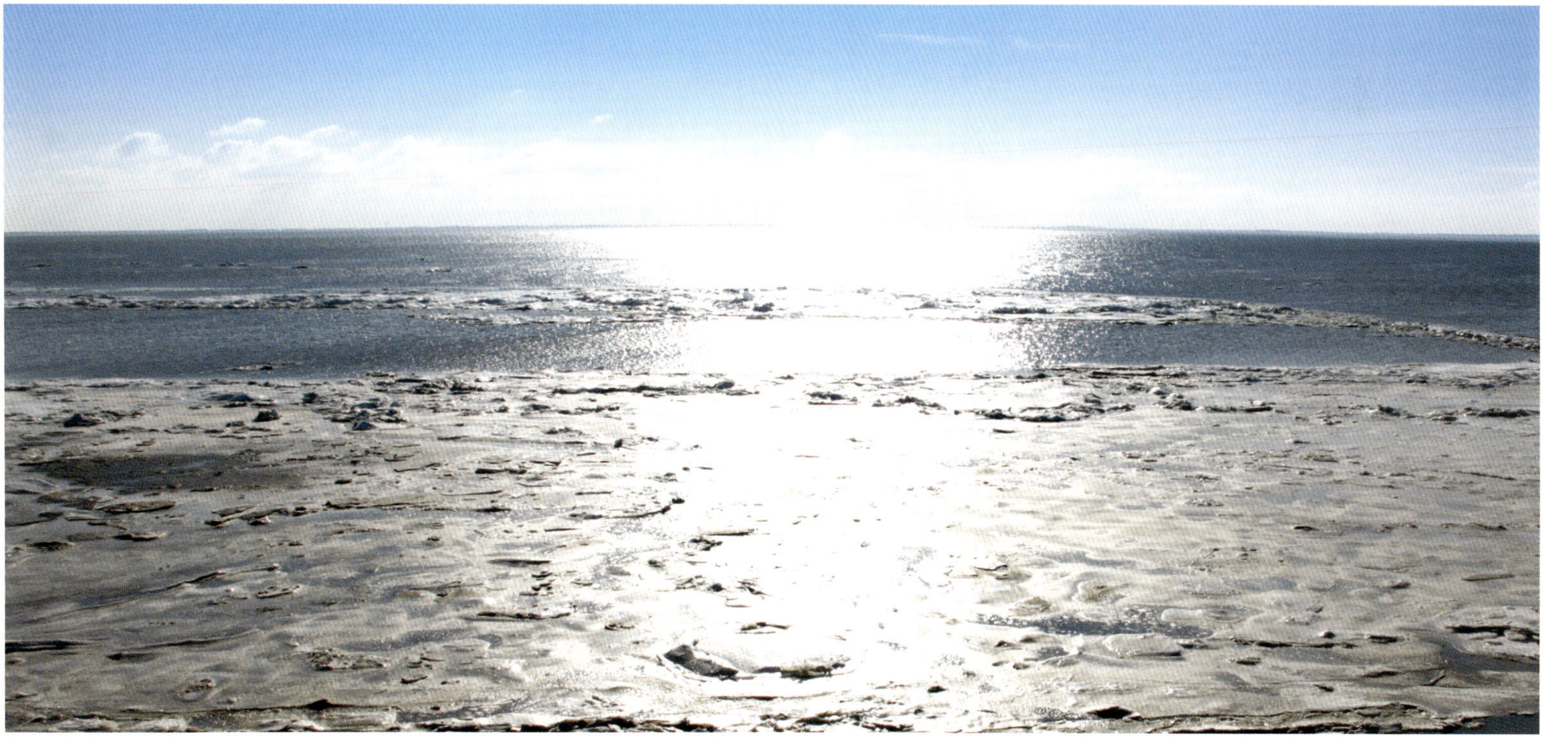

Eis auf der Nordsee ist ein seltenes, aber bezauberndes Bild. Der Winter hat seine ganz speziellen Reize.

Aufs Wattenmeer

Für Freizeitskipper ist die Nordsee eine Herausforderung. Das Segeln zwischen Ebbe und Flut erfordert viel Können.

DER MELLUMRAT e.V.
Zum Jadebusen 179
26316 Varel-Dangast
Tel.: 04451/84191
www.mellumrat.de

Der Hafen von **Fedderwardersiel** ist überschaubar. Krabbenkutter dümpeln in der Morgensonne und bieten ihren Fang zum Teil im eigenen Laden der Fischereigenossenschaft an. Auffällig im Hafen ist die **Wega II**, ein Ausflugsschiff. Es bietet mehrere Touren auf das Wattenmeer. Auf dem Schiff darf auch geheiratet werden. Allerdings nur im Hafen. Anschließend liegt dem Brautpaar und den Gästen per Schiff das Wattenmeer zu Füßen.

Wie wäre es mit einem Abstecher zur Vogelinsel **Mellum**? Das Eiland, wird behauptet, wurde erst zu Beginn des 20. Jahrhunderts entdeckt. Da können und konnten die Fischer nur lachen. Natürlich kannten sie die Insel, haben aber nie um ihre „Entdeckung" viel

Aufheben gemacht. Während des 2. Weltkriegs war die Insel ein Stützpunkt der Wehrmacht. Damals wurde ein Löschteich angelegt. Heute gibt es nur noch eine Umweltstation auf der Insel. Von hier aus werden die Flora und Fauna der Insel beobachtet und gezählt. Mellum ist Vogelinsel. Große Möwenkolonien brüten auf der Insel. Aber auch der Austernfischer, die Seeschwalbe, der Merlinfalke und der Löffler brüten auf der ständig wachsenden Insel. Auf den vorgelagerten Sandbänken ist die Pazifische Auster heimisch geworden. Anfangs befürchteten Umweltschützer, dass sie zu einer Gefahr für die Muschelbänke werden könnte, was sich aber nicht bestätigt hat. Die Fahrt mit der Wega II durch das Wattenmeer ist ein Farbenrausch in Pastell. In Blautönen schimmert der Schlick, an den Sandbänken glitzert das Wasser plötzlich türkis und auf den Wellen schimmert es gülden. Darüber der klare Himmel der Nordsee. Gigantische Wolken vor einem strahlenden Blau. Kein Grund, die Stirn in Falten zu legen. Meist spielen die Wolken nur über der Nordsee ihr Muskelspiel. Erst wenn im Herbst die Stürme aus Nordwest über die Nordsee ziehen, zeigen sie ihr gefährliches Gesicht. Aber bis dahin ist ja noch Zeit. Überhaupt Zeit. Kaum auf dem Wasser, scheint sie auch bei den Gästen keine Rolle mehr zu spielen. Die Weite der See ist wohl Balsam für die Seele.

Wilhelmshaven

Mitte des 19. Jahrhunderts wollte Preußen einen **Hochseehafen**. Geradezu geschaffen schien dazu die Meerenge zwischen Jadebusen und Nordsee. Dieses Land gehörte zum Großherzogtum Oldenburg. Mit dem Jade-Vertrag von 1853 kaufte Preußen über 300 Hektar Land und begann mit dem Bau eines Kriegshafens. Die Region erlebte einen bis dahin ungeahnten Boom. Ständig wurde

auf Geheiß des marinebesessenen Kaisers die Hafenanlage erweitert. Er wollte die maritime Vormachtstellung Großbritanniens brechen, was ihm trotz aller Mühen und allen Geldes nicht gelang. Im 1. Weltkrieg spielte die deutsche Marine keine kriegsentscheidende Rolle, sehr wohl aber für das Ende des Krieges. Von Wilhelmshaven aus begannen die Marinesoldaten zu meutern. Sie wollten, dass der Krieg

Wilhelmshaven ist zur Kaiserzeit entstanden. Die Geschichte der Marine ist bis heute lebendig.

Wilhelmshaven
Touristik & Freizeit GmbH
Banter Deich 2
26382 Wilhelmshaven
Tel.: 04421/9279-0
www.wilhelmshafen-touristik.de

Der Südstrand in Wilhelmshaven lockt im Sommer Hunderte Sonnenhungrige.
Er gilt nach wie vor als Geheimtipp. Sehen und gesehen werden.

Rechte Seite: Der Jade-Weser-Port in Wilhelmshaven
ist der einzige Tiefseehafen Deutschlands.

Deutsches Marinemuseum
Südstrand 125
26382 Wilhelmshaven
Tel.: 04421/40084-0
www.marinemuseum.de

beendet wurde. Am 6. November 1918 gingen über 20000 Marineangehörige, Werftarbeiter und Zivilisten auf die Straße und gründeten den Arbeiter- und Soldatenrat.

Doch schon bald nach Kriegsende wurde Wilhelmshaven wieder der wichtigste Kriegshafen Deutschlands. Bereits 1935 begann der Wiederaufbau der Flotte und der Hafen wurde ständig erweitert. Während des 2. Weltkriegs wurde Wilhelmshaven über 100-mal bombardiert und 60 % der Stadtfläche fielen in Schutt und Asche. Nach dem Krieg wurden weite Teile der Hafen- und Werftanlagen demontiert und Wilhelmshaven wandelte sich zur Hochschulstadt. Mit der Gründung der Bundeswehr 1956 wurde es wieder zum Marinestützpunkt. Mit dem **Weser-Jade-Port** hat Wilhelmshaven heute den einzigen Tiefseehafen Deutschlands.

Ein touristisches Highlight ist der Südstrand, wo das **Marinemuseum** untergebracht ist. Es sammelt und bewahrt Exponate zur Geschichte der deutschen Marine seit 1848. Das Museum befindet sich im Gebäude der ehemaligen „Scheibenhofwerkstatt", einem unter Denkmalschutz stehenden Rest des um 1888 erbauten Torpedohofes der kaiserlichen Werft. Daran angeschlossen ist ein etwa 3000 m² großes Freigelände mit Liegeplätzen direkt am Verbindungshafen. Dort sind unter anderem das Minenjagdboot „Weilheim", der Lenkwaffenzerstörer „Mölders" und das U-Boot „U-10" zu besichtigen. Gerade der Besuch der Schiffe lässt ahnen, wie das Leben der Matrosen aussah. Von Schifffahrtsromantik ist da wenig zu sehen.

Nicht weit entfernt lädt das **Aquarium** zu einer Reise auf den Grund der Nordsee ein. Da verbuddelt sich gerade im Nordseesand eine Scholle. Die Seezunge flattert nervös

Das Aquarium in Wilhelmshaven erschießt eine faszinierende Unterwasserwelt. Von der Nordsee geht es bis zu den Fischen in der Südsee. Ein Hai zieht majestätisch seine Kreise. Ganz nah, aber ungefährlich kommen einem die Meeresräuber nah. Wesentlich lustiger geht es bei den Pinguinen mit ihrem watschelnden Gang zu.

durchs Wasser und auch ein kleiner Heringsschwarm zieht vorbei. Im größten Becken tummeln sich Seehunde. Aber es geht noch weiter. In vielen anderen Aquarien sind Fische aus allen Teilen der Weltmeere zu sehen und vermitteln die ganze Farbenpracht der Unterwasserwelt, während über Wasser sich der Südstrand herrlich in einem der Strandkörbe erleben lässt.

Etwas außerhalb der Stadt liegt das **Rosarium**. Mangels Geld im Stadtsäckel sollte es abgerissen werden, das fanden aber viele Bürger gar nicht gut und schlossen sich zusammen. Heute wird das Rosarium ehrenamtlich betrieben. Über 300 verschiedene Sorten mit über 1000 Pflanzen sind dort zu sehen. Eingerahmt werden die „Blumen der Liebe" von vielfältigen exotischen Pflanzen.

Aquarium Wilhelmshaven
Südstrand 123
26382 Wilhelmshaven
Tel.: 04421/5066444
www.aquarium-wilhelmshaven.de

Förderverein Rosarium e.V.
Neuengrodener Weg 22c
26386 Wilhelmshaven
Tel.: 04421/772247
www.rosarium-wilhelmshafen.de

Mein persönlicher Tipp

Wilhelmshaven ist eine sehr maritime Stadt, schließlich ist sie ja vor rund 150 Jahren genau zu diesem Zweck gegründet worden. Hier dreht sich alles um Seefahrt, Marine und Hafen: Deutsches Marinemuseum, Kaiser-Wilhelm-Drehbrücke, Feuerschiff Weser, Meeresaquarium oder auch das Jade-WeserPort-InfoCenter sind nur einige Stationen auf der **Maritimen Meile** Wilhelmshaven. Und dann empfehle ich Ihnen noch einen Spaziergang durch das **Rosarium** in Wilhelmshaven. Erstens, weil der Garten mit seinen über 5000 Rosen eine Pracht ist, und zweitens, weil der Garten ausschließlich von ehrenamtlichen Gärtnern gepflegt wird.

Jever – Frauenpower

Die letzte Häuptlingstochter –
Maria von Jever – bewohnte
das Schloss und führte die Stadt
in eine glanzvolle Zeit.

Das Land rund um Jever war schon lange vor Christi Geburt besiedelt. Vermutlich lebten hier die Chauken, ein Volksstamm, der später verschwand. Im 10. und 11. Jahrhundert war Jever Hafenstadt. Der Handel blühte. Dies blieb auch so, als die Hafenzufahrten allmählich versandeten. Durch die Sturmfluten und die Eindeichungen wurde Jever immer mehr zu einer Binnenstadt.

Noch heute ist das **Schloss zu Jever** der zentrale Punkt der Stadt. 1428 wurde die Burg errichtet und in der Folgezeit durch Tanno Düren und Edo Wiemken erweitert. Mit-

telpunkt war ein mächtiger Bergfried, der ab dem 16. Jahrhundert in eine von Wassergräben und Wällen umgebene vierflügelige Schlossanlage integriert wurde. Von 1560 bis 1564 fanden unter der damaligen Regentin **Maria von Jever** diverse Umbauarbeiten im Stil der Renaissance statt. Sie ließ unter anderem die geschnitzte Kassettendecke in den Audienzsaal einziehen. Maria von Jever wird bis heute in der Stadt verehrt. Sie war die Tochter des Häuptlings Edo Wiemken d. J. und ihre Mutter Heilwig war die Schwester des Grafen zu Oldenburg. Die Mutter starb bereits, als Maria ein Jahr alt war. 1511 starb ihr Vater. Der Graf von Oldenburg übernahm die Vormundschaft, die durch andere Häuptlinge überwacht werden sollte. Kurz vor dem Tod von Marias Vater hatte die Antoniflut die Küste verwüstet, doch statt sich um den Wiederaufbau und um die Erziehung Marias und ihrer Schwestern zu kümmern, bereicherten sich die Häuptlinge nur. Marias Ausbildung war dem klassischen Frauenbild angepasst; sie sollte alles lernen, was eine Dame am Hofe brauchte. Selbst die Heirat war zur Erweiterung der Macht geplant. Als Marias Bruder, der einzige männliche Erbe, mit 18 Jahren starb, weckte das in der Nachbarschaft Begehrlichkeiten. Ostfriesen, Balthasar von Esens und auch die Braunschweiger beanspruchten das Jeverland, aber die Ostfriesen siegten. Zu dieser Zeit kümmerten sich Maria und ihre Schwestern nur wenig um Politik. Sie organisierten den Wiederaufbau des Jeverlandes, der durch Schäden der Antoniflut

Schlossmuseum Jever

Schlossplatz 1
26441 Jever
Tel.: 04461/96935-0
www.schlossmuseum.de

dringend notwendig war. Wahrscheinlich begann damit auch der tiefe Respekt der Bevölkerung für diese tatkräftige Frau. Dass das Jeverland noch immer von den ungeliebten Ostfriesen besetzt war, sollte sich 1531 ändern, als die Ostfriesen aus dem Jeverland vertrieben wurden. Bis zu ihrem Tod 1575 gelang es Maria, durch geschickte Diplomatie ihr Jeverland frei zu halten. Wo sie beerdigt ist,

Friesische Geschichte zieht sich wie ein roter Faden durch das Museum im Schloss zu Jever. Die wohlhabenden Marschbauern gönnten sich Luxus und vor allem Bildung für ihre Kinder.

Das Rathaus zu Jever ist typisch für die Baukunst der Friesen. 1609 wurde mit dem Bau begonnen.

Der Sagenbrunnen auf dem Marktplatz in Jever stellt Legenden aus dem Jeverland mit den passenden Figuren dar.

ist nicht bekannt. Der Legende zufolge jedoch schläft sie in einem Tunnel unter dem Schloss und wenn es dem Jeverland dereinst wieder schlecht gehen sollte, würde sie erwachen und ihren Untertanen helfen.

Heute hat das Schloss noch mehr zu bieten. Neben wechselnden Ausstellungen und Konzerten lässt sich in mehreren Stationen das Leben der Friesen nachvollziehen. Die „gute Stube" allein ließ den Wohlstand ahnen. Meist war der Boden mit Sand bedeckt und die Bediensteten mussten –anstelle eines Teppichs – täglich feine Ornamente in den

Sand malen. Kunst und Kultur waren im 19. Jahrhundert in jedem großbäuerlichen Haus nicht nur Chic, sondern wichtige Güter, die den Kindern mit auf den Weg gegeben wurden. Ob Sohn oder Tochter, eine gute Ausbildung gehörte nach Friesland. Und wer sich an der wechselvollen Geschichte des Jeverlandes und einer starken Frau sattgesehen hat, der findet im Schlosscafé leckere Entspannung. Nur nicht müde werden. In Jever gibt es noch einiges zu sehen.

Mein persönlicher Tipp

Bibelfliesen sind eine Besonderheit an der friesischen Küste. Die blauen Fliesen mit biblischen Motiven kamen seit dem 17. Jahrhundert von den Niederlanden nach Norddeutschland. In reichen Bürgerhäusern zierten sie ganze Wände. Heute kann man eine umfangreiche Ausstellung mit Bibelfliesen z. B. im Schloss Jever sehen oder in diversen Häusern und Restaurants entlang der friesischen Küste. Schauen Sie doch mal in das Restaurant „Sielhof" in Neuharlingersiel hinein – dort gibt es eine wunderschöne und beeindruckende Wand mit holländischen Bibelfliesen.

Ganz schön blau, der Druck

Im Mittelalter waren sie begehrt, selten und teuer, die Tuche mit Indigoblau. Die Farbe – zwischen Blau und Violett – wurde in Indien schon in vorchristlicher Zeit aus der Indigopflanze gewonnen. Im 14. Jahrhundert kam sie nach Europa. Bis ins 19. Jahrhundert gehörten die **Blaudrucke** in jeden wohlhabenden Hausstand. In seiner Werkstatt und Laden druckt **Georg Stark** wie vor Jahrhunderten seine **Blaudrucke**: Die Muster der Blaudruckstoffe werden von Hand mit sogenannten Modeln gedruckt. Wie ein Jäger und Sammler ist Georg Stark über Flohmärkte, Börsen und durch alte, verlassene Blaudruckwerkstätten gezogen, um diese einzigartige Sammlung von Modeln zusammenzutragen. Die waren anfangs ganz aus Buchsbaumholz geschnitten, im 19. Jahrhundert wurden die Muster aus feinen Metallstiften eingearbeitet, die in Birnenholz gesetzt wurden. Diese Modeln stellte ein darauf spezialisierter Handwerker, der Formenstecher, her. Die Werkstatt von Georg Stark im Kattrepel arbeitet mit rund 460 Modeln aus den letzten vier Jahrhunderten. Die anschließende Blaufärbung ist wahrlich ein „blaues Wunder". Aber das sollte man bei einem Besuch gleich live erleben. Wer noch altes Leinen oder andere edle Stoffe zu Hause hat, kann sie dort nach Absprache bedrucken lassen.

Ostfriesische Tradition trägt manchmal Wolle, was aber viel interessanter ist – sie gibt auch reichlich Milch. **Ostfriesische Milchschafe** waren die Kühe des kleinen Mannes.

Der Blaudruck kam Ende des 17. Jahrhunderts aus Asien nach Europa und war heiß begehrt. Die Stoffe wurden mit Indigo gefärbt und mit Modeln bedruckt. In Jever wird noch heute mit historischen Modeln der Blaudruck gepflegt. Georg Starke ist ein Meister des Blaudrucks.

Blaudruckerei
Georg Stark
Kattrepel 3
26441 Jever
Tel.: 04461/71388
www.blaudruckerei.de

Friesisch gemütlich geht es in Hooksiel zu. Leckerer Friesentee, frischer Fisch, Kultur und Wasser prägen den Ort.

Heute sind die Milch und der Käse gefragte Spezialitäten. Das sagte sich auch **Hans Georg Herten** vor einigen Jahren und begann die Tiere auf seinem Hof zu züchten. Eine kleine Käserei entstand und mit ihr die Produktion von Käse, Joghurt und Frischmilch. Da der Hof in Sandel lag und damit etwas weit weg von eventuellen Kunden, pachtete Hans

Georg Herten kurz entschlossen ein denkmalgeschütztes, 250 Jahre altes Gebäude in der Schlossstraße in Jever, in dem er ein Lokal und ein Bistro einrichtete. Neben den Milchprodukten gibt es auch noch Schafsalami und Lammfleisch. Ein guter Wein oder ein frisch gezapftes Bier runden das Mahl ab.

Hooksiel – Dorf mit Stil

Weißer Sand, die typischen Strandkörbe und ein herrlicher Ausblick auf die Nordsee. Vom Strand in Hooksiel geht es über ein Siel in den Ort.

Für Jever war einst Hooksiel ein Segen. Als der Hafen in Jever immer mehr versandete, wurde der Seehandel nach **Hooksiel** verlagert, eine Win-Win-Situation, sozusagen. Hooksiel wuchs, es wurde investiert und die Handelsstadt Jever hatte wieder einen Zugang zur Nordsee. Das war Ende des 16. Jahrhunderts und dies sollte bis ins späte 19. Jahrhundert so bleiben. Während der Napoleonischen Kontinentalsperre von 1806 bis 1814

blühte der Hafen besonders als Umschlagplatz von Schmuggelware auf, die vom damals britischen Helgoland eingeführt wurde. Die 1821 erbauten, heute noch vorhandenen, denkmalgeschützten Speicher- und Packhäuser auf der Nordseite des „Alten Hafens" zeugen von der früheren wirtschaftlichen Bedeutung Hooksiels. Der aufkommende Badetourismus kam genau zur rechten Zeit. 1911 gründete sich der Badeverein. Hooksiel wuchs

Eine einzigartige Sammlung an Muscheln und Schnecken finden die Besucher im Muschelmuseum und erleben eine Weltreise durch eine ganz spezielle Unterwasserwelt.

Muschelmuseum
Lange Straße 18
26434 Wangerland-Hooksiel
Tel.: 04425/1278
www.muschelmuseum-hooksiel.de

Gruseleum
Lange Str. 65
26434 Wangerland-Hooksiel
Tel.: 04425/3080993
www.gruseleum.jimdo.com

Geister, Gespenster und lebende Tote sorgen im Gruseleum für Gänsehaut. Da schauert's auch so manchem Erwachsenen.

weiter. Dank einer klugen Politik ist viel vom alten Hooksiel erhalten geblieben: Im alten Hafen stehen noch die Pack- und Lagerhäuser und unweit davon prägen die Fischerhäuser einen ganzen Straßenzug. Und auch das alte Rathaus hat eine neue Bestimmung – es ist zum **Künstlerhaus** geworden. Auf hohem Niveau zeigt das Künstlerhaus in regelmäßigen Abständen die Werke von Gegenwartskünstlern. Hinzu kommt jedes Jahr ein Stipendium für einen/eine Künstler/in, die dann einige Wochen in Hooksiel arbeiten. Fernab vom Alltag finden sie hier Ruhe und Inspiration, die die Intensität ihrer Werke sichtbar bereichern. Scheinbar profane Dinge bekommen plötzlich Nähe und Kraft. Schafe auf

dem Deich mit einem Meer bis zum Horizont, Containerschiffe scheinen über Salzwiesen zu fahren, der nahe Blick auf eine Qualle wird zur abstrakten Kunst.

Kunstwerke der Natur gibt es gleich nebenan. Im **Muschelmuseum** ist die Welt der Schnecken und Muscheln zu bewundern. Es ist immer wieder erstaunlich, welche Formen und Farben die Natur entwickelt. Vor allem bei den exotischen Arten kann sich der Besucher informieren, welche auf jeden Fall unter Naturschutz stehen und unter keinen Umständen von einer Reise mitgebracht werden dürfen. Der alte Hafen ist heute ein Binnenhafen. Von ihm aus führt das Siel, das zu einem See erweitert wurde, zur Sielschleuse und der Mole. Mit dem Kanu, Tretboot oder Elektroboot lässt sich dieses Stück Natur am Ufer herrlich erkunden. Unweit der Sielschleuse liegt der weite Strand. In südlicher Richtung ist der Jade-Weser-Port von Wilhelmshaven zu sehen. Und wenn man dann lautes Wiehern vernimmt, dann weiß der Ortskundige: Die Hooksieler Renntage stehen bevor. Edle Traber kommen an den Start. Die Kennzeichen auf den Pferdetransporter verraten, dass Pferdehalter aus ganz Deutschland, den Niederlanden und auch aus Dänemark angereist sind. Gleiches gilt auch, wenn die englischen Vollblüter ins Rennen gehen.

Zurück im Dorf, kann man ins Staunen kommen. In einer alten Kirche sind Geister und Gespenster eingezogen. Das **Gruseleum** verspricht Gänsehaut. Martina Minkner und ihr Mann haben die Geistertour entwickelt. Über zwei Etagen geht es durch die Welt der Untoten. Immer wieder irritierend – ist das nun eine gespenstische Puppe oder ein lebendiger Geist?

Künstlerhaus Hooksiel

Lange Str. 16
26434 Wangerland-Hooksiel
Tel.: 04425/81408
www.kuenstlerhaus-hooksiel.de

Horumersiel – Scholle satt

Da haben sich die Köche aus **Horumersiel** etwas einfallen lassen. Schon Tage vorher wird am Strand und im Watt heftig gewerkelt. Zelte werden aufgebaut und Küchengeräte herbeigeschafft. Und dann ist es so weit: Schollenessen im Watt. Hunderte strömen zum Strand und stehen geduldig an. Frische Scholle mit frischer Nordseeluft und alles unter freiem Himmel. Gleich dahinter liegt einer der größten Campingplätze Deutschlands. Im Ort flanieren die Gäste, stöbern in den kleinen Läden oder sitzen in den Cafés und schauen den anderen zu. Der Tourismus in Horumersiel entstand als Folge dramatischer Umstände: Mitte des 19. Jahrhunderts verwüstete eine Sturmflut die Insel Wangerooge, die bis dahin schon eine beliebte Urlaubsinsel war. Die Wangerooger, die sich in Horumersiel niederließen, siedelten sich

Vom Fischerdorf zum Urlaubsparadies – so hat sich Horumersiel in den letzten 100 Jahren entwickelt.

Mit Musik genießen die Besucher die köstlichen Fische am Strand. Die leichte Brise hat ja schließlich hungrig gemacht.

Alle Jahre wieder – die Schollentage am Strand von Horumersiel. Die Köche des Ortes bereiten die Plattfische frisch am Strand zu.

zum größten Teil in Horumersiel an und brachten ihre Feriengäste einfach mit. Als sie zur Insel zurückkehrten, übernahmen die Horumersieler den Fremdenverkehr. Bald wurde der Ort Nordseebad. Seit 1985 ist es Nordseeheilbad.

In Horumersiel befindet sich eine der ältesten Stationen der **Deutschen Gesellschaft zur Rettung Schiffbrüchiger**. Die Seenotrettung begann dort 1866. In einem Schuppen am Hafen ist nicht nur eine Ausstellung zur Geschichte aufgebaut, dort steht auch ein erhaltenes Original-Ruderrettungsboot aus dem Jahr 1907, wie es seinerzeit eingesetzt wurde, um Menschen aus Seenot zu retten. Mit acht Mann Besatzung ging es bei stürmischer See an die Ruder. Alle Familienangehörigen standen dann am Deich und bangten um das Leben der Männer. Immer wieder kam es vor, dass auch sie ihr Leben verloren. Erst 1928 begann in Horumersiel die Zeit der Motorkraft. Lebensgefährlich blieb es trotzdem. Teilweise waren die Retter einige Tage unterwegs. Als Schutz hatten sie nur Ölzeug und eine Rettungsweste aus Kork. Als Nahrung führten sie Trockenobst, Speck, Kautabak und eine Flasche Schnaps mit. Selbstlos das eigene Leben für andere einsetzen – das hat Tradition an der Küste. Machen und nicht lang schnacken!

Neuharlingersiel ist eine von 54 Stationen der Seenotretter an Nord- und Ostsee. Freiwillige besetzen das gleichnamige Seenotrettungsboot. Im Stationsgebäude gibt es eine Ausstellung über die Geschichte der **Deutschen Gesellschaft zur Rettung Schiffbrüchiger.**

Hafenzufahrt West 8
26427 Neuharlingersiel
Tel.: 04974430

Mein persönlicher Tipp

Sie kennen sicherlich alle die Sammelschiffchen der Seenotretter, die häufig auf Kneipentresen und in vielen Geschäften stehen. Die gesamte Arbeit der **Deutschen Gesellschaft zur Rettung Schiffbrüchiger,** kurz DGzRS, wird tatsächlich nur durch kleine und größere Spenden finanziert, ohne Steuergelder, eigenverantwortlich und unabhängig. Und das seit mehr als 150 Jahren. Überall an den Küsten von Nord- und Ostsee gibt es die Stationen der Seenotretter mit ihren supermodernen Seenotrettungskreuzern und -booten. Die Männer und Frauen an Bord fahren freiwillig dann raus, wenn andere in Seenot sind. In Bremen direkt an der Weser befindet sich die Zentrale der Seenotretter. Dort gehen die Notrufe ein und von dort aus werden die Einsätze koordiniert. Besuchergruppen sind an der Werderstraße 2, 28199 Bremen, nach Voranmeldung herzlich willkommen (Tel. 0421/53707-665). Ich habe die große Ehre, „Bootschafterin" (mit Doppel-o) der DGzRS zu sein. Eine wunderbare, sympathische und typisch norddeutsche Gesellschaft. Mein Respekt vor der Arbeit der Seenotretter!

Minsen und seine Legende

Die Minsener Kirche steht auf Granitblöcken und ist mit typisch friesischem Backstein gebaut. Um 1250 wurde die nördlichste Kirche des Wangerlandes errichtet.

Das alte Kirchdorf Minsen lag vor der jeverländischen Küste, zwischen dem Fahrwasser der Außenjade und der Blauen Balje. Einst hatten die Minser eine **Meermaid** gefangen, schleppten sie aufs Land und machten sich einen Spaß daraus, sie auf alle erdenkliche Weise zu quälen. So viel sie auch bitten und betteln mochte, man ließ sie nicht wieder zurück ins Wasser. Endlich beschloss man, sie freizulassen, wenn sie ein Mittel gegen alle Not und Armut sagte. Da sprach die Seejungfer rätselhafte Worte: „Kölln oder Dill, ik segg jo nich wo't got för is, un wenn ji mi ok fillt!" In einem unbewachten Augenblick vermochte sie ihren Peinigern zu entgleiten und entwischte über das Watt, schneller als eine Schwalbe oder ein Pfeil. Die Leute sahen verwundert ihr blau-grünes Haar auf ihren weißen Schultern tanzen. Als sie nun wieder im Wasser war, wandte sie ihren Kopf noch einmal zum Lande, und ihre Augen funkelten unbeschreiblich. Dann tauchte sie ihre weiße Hand in die See und spritzte Tropfen gegen die Dünen des Dorfes. Plötzlich verschwand

sie in den Wogen der Jade, Wind und Wasser waren merkwürdig ruhig, doch am nächsten Morgen war alles grüne Land von Minsen weiß wie mit Schnee bedeckt. Dicht aneinandergedrängt saßen und standen dort Tausende und Abertausende von Möwen. So viele Seemöwen hatten die Dorfbewohner noch niemals gesehen und niemand konnte begreifen, was das bedeuten solle. Gegen Mittag zogen im Westen dunkle Wolken auf und der Himmel verfinsterte sich immer mehr. Zugleich erhob sich ein Brausewind und es fielen Regentropfen, die prasselten wie Erbsen gegen die Fensterscheiben. Die Seemöwen flogen scharenweise über das Dorf hinweg und ihr Kreischen übertönte den heulenden Sturm. Das Unwetter dauerte die ganze Nacht hindurch. Derweil schwoll die Flut immer höher. In den Morgenstunden sprang der Wind nach Nordwesten um. Plötzlich brach das Wasser durch den schützenden Dünenwall und rollte über Alt-Minsen hinweg. Ein Etmal lang tobte das wilde Meer, dann war alles vorbei. Als die Sonne wieder im Osten aufging, war das Dorf mit Mann und Maus verschwunden; übrig blieb nur eine kahle Sandbank, auf der sich bei Ebbe die Möwen ausruhen und die man Minser Olloog nennt.

Dieser Sage ist eine Bronzeskulptur gewidmet, die im Ortsteil Norderaltendeich in Deichnähe zu finden ist. Die Künstlerin Karin Mennen aus dem benachbarten Horum schuf 1992 die überlebensgroße Figur der Nixe.

Von den Unbillen der Natur und dem Meer ist heute kaum noch etwas zu erahnen. Ein beschaulicher Ort ist Minsen und gut einen Kilometer von der Nordsee entfernt. Über Jahrhunderte war die Landwirtschaft und dabei vor allem die Viehwirtschaft die Haupterwerbsquelle der Bewohner im Kirchspiel Minsen. 30 Bauernhöfe gab es. 1902 eröffnete Familie Groh eine Molkerei/Meierei. Die Bauern lieferten ihre Milch 70 Jahre lang zur Molkerei, bis 1972 das Aus kam. Die Milch wurde fortan mit dem Tankwagen abgeholt. Minsen entwickelte sich zu dieser Zeit bereits zum Urlaubsort. Aus der **Molkerei** wurde eine Reitanlage und ein Hotel mit Ferienwohnungen. In den Ställen stehen edle Friesen, Haflinger und Ponys. Die **schwarzen Friesen** sind aber die stolzen Perlen des Betriebs. Einst wurden sie für das niederländische Königshaus als Kutschpferde gezüchtet. Heute sind sie vor allem bei den Reitern beliebt, die die klassische Reitweise bevorzugen. Wer es weniger anspruchsvoll möchte, kann einen herrlichen Ausritt entlang des Wattenmeers machen. Im Galopp durch Pfützen reiten, den Nordseewind spüren und die Kraft der Pferde fühlen.

Der Meermaid, die einst von den Minsener gefangen wurde, hat man ein Denkmal gesetzt.

Den freien Blick genießen, Nordseeluft tief einatmen und das Meer erleben.

Norderney · Baltrum · Minsener Oog
Juist · Neuharlingersiel · Mellum
Carolinensiel
Bensersiel · Werdum · Wattenmeer UNESCO-Weltnaturerbe
Waloseum · Esens · Funnix
Seehundstation · Dornum · Weser
Lütetsburg

Norden

Leybucht

Naturschutzgebiet Leyhörn · Greetsiel · Ems-Jade-Kanal

Wittmund

Wilhelmshaven

Pilsum · Großes Meer · Jade-busen
Campen · Kleines Meer · *Ostfriesland*
Knockster Tief · Suurhusen · **Varel** · Weser-marsch

Emden

Dollart · Ditzum

Leer

Jümme

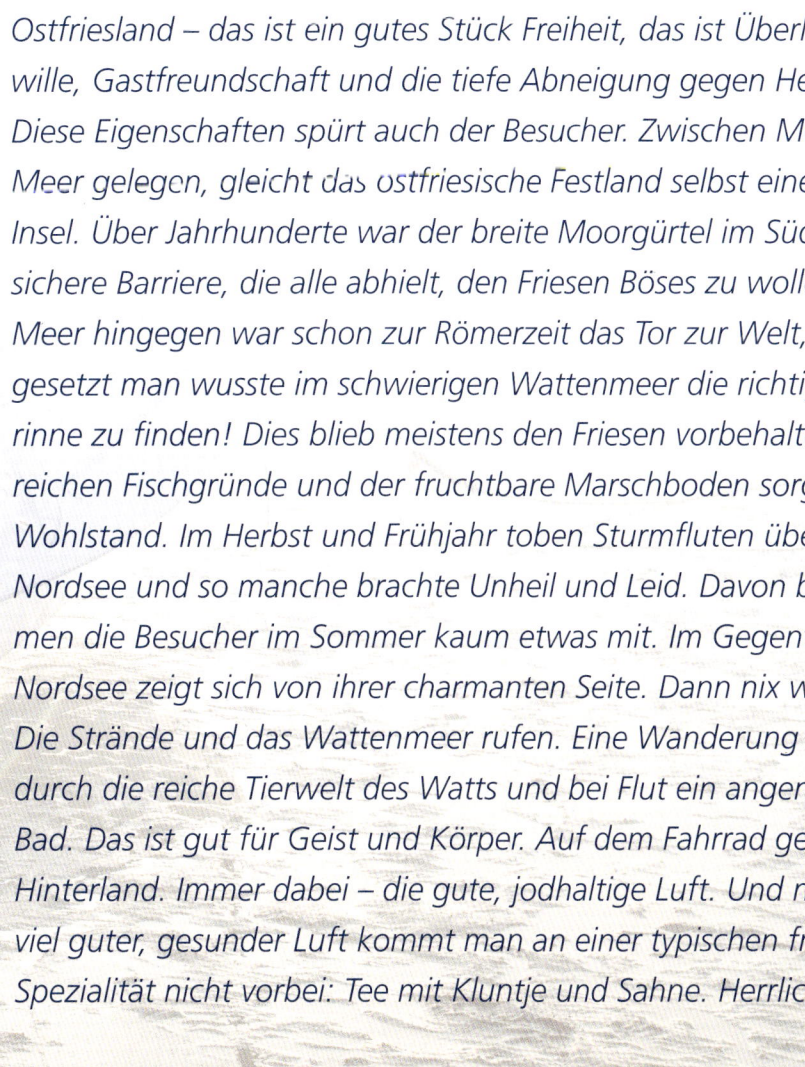

Ostfriesland – das ist ein gutes Stück Freiheit, das ist Überlebenswille, Gastfreundschaft und die tiefe Abneigung gegen Hektik. Diese Eigenschaften spürt auch der Besucher. Zwischen Moor und Meer gelegen, gleicht das ostfriesische Festland selbst einer grünen Insel. Über Jahrhunderte war der breite Moorgürtel im Süden eine sichere Barriere, die alle abhielt, den Friesen Böses zu wollen. Das Meer hingegen war schon zur Römerzeit das Tor zur Welt, vorausgesetzt man wusste im schwierigen Wattenmeer die richtige Fahrrinne zu finden! Dies blieb meistens den Friesen vorbehalten. Die reichen Fischgründe und der fruchtbare Marschboden sorgten für Wohlstand. Im Herbst und Frühjahr toben Sturmfluten über der Nordsee und so manche brachte Unheil und Leid. Davon bekommen die Besucher im Sommer kaum etwas mit. Im Gegenteil: Die Nordsee zeigt sich von ihrer charmanten Seite. Dann nix wie raus. Die Strände und das Wattenmeer rufen. Eine Wanderung bei Ebbe durch die reiche Tierwelt des Watts und bei Flut ein angenehmes Bad. Das ist gut für Geist und Körper. Auf dem Fahrrad geht es ins Hinterland. Immer dabei – die gute, jodhaltige Luft. Und nach so viel guter, gesunder Luft kommt man an einer typischen friesischen Spezialität nicht vorbei: Tee mit Kluntje und Sahne. Herrlich!

Der kölsche Seebär – Carolinensiel

Alte Fischerhäuser, historische Schiffe und ein buntes Leben zeichnen den Hafen von Carolinensiel aus. Wo einst Fische angelandet wurden, schlendern heute die Besucher am Ufer entlang.

Tourist-Information Carolinensiel-Harlesiel

Nordseestr. 1
26409 Nordseebad Carolinensiel-Harlesiel
Tel.: 0 44 64/94 93-0
www.carolinensiel.de

Das „Kölsch" ist unüberhörbar. Obwohl **Herbert Marx** schon seit Jahren bei Carolinensiel an der Nordseeküste lebt, sind seine Ursprünge in jedem Satz zu hören. Rein äußerlich hat er sich den „Seebären" an der Küste angepasst. Der graue, wallende Bart, die langen, grauen Haare und sein Skipperhemd passen bestens zu seinem Schiff im Museumshafen. Sein Boot hat eine ähnlich bewegte Geschichte wie sein Leben. In Köln war er als Gerichtsvollzieher unterwegs. Man braucht nicht viel Fantasie, um sich die Höhen und vor allem die Tiefen seiner Kundschaft vorzustellen. Immer

haarscharf an der Existenz der Menschen beteiligt zu sein, hinterlässt Spuren. Den Ausgleich fand Herbert Marx auf dem Wasser. Nicht viel reden, der Melodie der Wellen lauschen und dem Wetter ausgesetzt sein – eine ganz andere Welt. Sicher, der Rhein ist schön, aber das Meer hat den Horizont. Doch bis Herbert Marx das erste Mal zum Horizont fuhr, dauerte es. Sein Beamtengehalt reichte bei Weitem nicht, um sich ein Schiff zu kaufen. Selbst ist der Mann, dachte er, schätzte seine handwerklichen Fähigkeiten ab und traf einen Entschluss. In den Niederlanden ließ er einen Schiffsrumpf bauen und schritt dann mit Säge, Leim und Farbe selber zur Tat. In jeder freien Minute war er Schiffsbauer. Die Flachbodenboote der Nordsee waren sein Vorbild. Dieser Bootstyp schippert schon seit Jahrhunderten über das Wattenmeer und durch die Flüsse. Die beiden Seitenschwerter sorgen für Stabilität beim Segeln und wenn die Ebbe schneller kommt als gedacht, können sich die Seeleute ohne Probleme mit dem Schiff trocken fallen lassen. Es liegt dann wie eine Flunder auf der Sandbank.

Nach gut vier Jahren Arbeit war das Boot endlich fertig – mit viel Liebe zum Detail. Die Öllampen, der Innenausbau mit Bett im Bug, die geschickte Platzverteilung, alles wie geplant. Den Segelmast hat Herbert Marx im Wald eines Freundes gefunden und ihn dann eigenhändig bearbeitet. Doch so richtig stolz wurde er, als er im Museumshafen von Carolinensiel einen Liegeplatz bekam. Seither gehört der Klönschnack über die Reling mit den anderen Schiffseignern zum täglichen Ritual. Ganz nebenbei und umsonst gibt es viele gute Tipps. Wie wurden früher die fein verzierten Fenster gebaut? Wie lange halten die Seitenschwerter? Auf welcher Insel treffe ich

wen? Sie sind eine eingeschworene Gemeinschaft – die Skipper an der Nordseeküste.

Eingerahmt von vielen alten Schiffen, genießt Herbert Marx fast jeden Tag die herrliche Aussicht. Segelschiffe so weit das Auge reicht. Oberhalb des Hafens stehen die alten Fischerhäuser. Aus den meisten von ihnen sind gemütliche Restaurants und Kneipen entstanden. Und wenn Herbert Marx mit seinem Schiff ablegt, weiß er, dass ihn viele mit sehnsüchtigem Blick beobachten. So ein Schiff ist eben doch ein gutes Stück Freiheit. Und diese

Die Deichkirche in Carolinensiel wurde Ende des 18. Jahrhunderts gebaut.

Im Hafen von Carolinensiel finden die Besucher lebendige Seefahrtsgeschichte. Viele historische Schiffe, vor allem Plattbodenschiffe, ankern hier, wenn sie nicht gerade unterwegs sind. Welche Freude, diese Schiffe fahren zu sehen!

Herbert Marx ist ein echter „kölscher" Seebär. Er hat in Carolinensiel eine neue Heimat gefunden.

Deichkirche Carolinensiel
Pumphusen 2
26409 Wittmund-Carolinensiel
Tel.: 0 44 64/2 10

Im Herbst färbt sich die Deichkirche in Carolinensiel in den
schönsten Farben. Die friesische
Bescheidenheit, auch im Kir-
chenbau, bekommt im bunten
Laub ein anheimelndes Bild.

genießt Herbert Marx im Sommer für mindestens drei Monate.

Ein Stück friesischer Seeschifffahrtsge-
schichte ist auch bei der **Deichkirche** zu finden. Am Glockenturm, der einige Meter von
der Kirche entfernt steht, sind drei Grabsteine
aufgestellt, die eingemeißelte Schiffe zeigen.
Die Kapitäne, denen man zur Ehre die Grab-

steine machen ließ, waren in den Weltmeeren
unterwegs. In der Kirche suchen viele einen
Ort der Entspannung und Besinnlichkeit. Ein
Stündchen raus aus dem touristischen Trubel.
Das geht auch hervorragend mit dem Rad,
denn Ostfriesland ist ein plattes Paradies für
Radfahrer. Und im Hinterland gibt es einiges
zu entdecken.

Mein persönlicher Tipp

Auch in den Kirchen merkt man schnell, dass wir an der Küste sind, denn in vielen alten Kirchen hängen
sogenannte Votivschiffe. Sie wurden oft von Seeleuten als Zeichen der Dankbarkeit gespendet. Die wunderschöne alte **Deichkirche** in **Wittmund-Carolinensiel** ist so eine typische Seemannskirche. Ein blauer Himmel,
weiße Wände, Votivschiffe und eine angenehme Schlichtheit machen die Kirche zu einem besonderen Ort.
Und natürlich das sympathische Pastorenehepaar Arnhild und Torsten Nolting-Bösemann. Sie betreuen neben
der Deichkirche noch diverse andere Kirchen im Umkreis und sind auch für die Seelsorge der Urlauber zustän-
dig. Im Urlaub, erzählen mir die beiden Pastoren, suchen viele Menschen wieder den Weg zu Gott.

Werdum – ein tierisches Zuhause

Bei den Kindern leuchten die Augen und so mancher Investor schlägt wahrscheinlich die Hände vors Gesicht. Mitten in Werdum, in bester Wohnlage, haben vor Jahren die Bürger beschlossen, einen **Haustierpark** zu eröffnen. Statt Ferienwohnungen und Hotels gibt es jetzt dort grunzende Schweine und meckernde Ziegen. Bei den Juan-Fernández-Ziegen, die auf dem gleichnamigen Archipel im Pazifik eigentlich zu Hause sind, hat sich Nachwuchs eingestellt. Etliche Kinder haben sich am Gatter eingefunden. In stiller Spannung schauen sie den kleinen Zicklein zu, wie sie hüpfen, springen und sich ihres jungen Lebens erfreuen. Die Ungeduld der Erwachsenen interessiert die Kids nicht. Gebannt klammern sie sich an den Stäben des Gatters fest. Eindeutig – die Zicklein sind spannender als ein Computerspiel. Und als die Tierpflegerin

auftaucht und ein Zicklein auf den Arm nimmt und es zum Streicheln reicht, schlagen die Herzen noch höher. Einst, erfahren die Großen und die Kleinen, wurden die Ziegen von den Seefahrern mitgenommen, um sie auf Inseln als Fleischreserve für andere Touren auszusetzen. Die Ziegen verwilderten und entwickelten sich zu einer Art Wildziege zurück. So geschah es auch auf den Juan-Fernández-Inseln. Berühmt wurde dieses Archipel durch einen gewissen Alexander Selkirk. Er wurde von Seefahrern wegen ständigen Meckerns auf eine der Inseln ausgesetzt. Sein großes Problem – überall Meer, aber er mochte keinen Fisch. So blieb ihm nur die mühselige Jagd auf die flinken Ziegen und Kaninchen, die dort auch lebten. Nach mehreren Jahren wurde er gefunden und seine Geschichte war später die Vorlage für Robinson

Haustierpark Werdum
Raiffeisenplatz 1
26427 Werdum
Tel.: 04974/990099
www.haustierpark-werdum.de

Kuscheltiere statt Ferienwohnungen – auf die Idee muss man erst einmal kommen: Die Werdumer haben mitten im Dorf einen Haustierpark aufgebaut – sehr zur Freude der großen und kleinen Feriengäste!

Die Mühle in Werdum ist noch immer in Betrieb. Das Mehl wird gleich gegenüber zu köstlichem Brot und Kuchen verarbeitet.

Heimat- und Verkehrsverein Werdum e.V.

Raiffeisenplatz 1
26427 Werdum
Tel.: 04974/990099
www.werdum.de

Crusoe. Nur noch wenige dieser Tiere gibt es weltweit. Ähnlich sieht es bei den Wollschweinen im Nachbargehege aus. Die robusten Tiere wurden auf dem Balkan gezüchtet. Während des sogenannten Jugoslawienkriegs machten Soldaten Schießübungen auf diese Tiere oder aßen sie schlicht auf. Nur ganz wenige überlebten. Das gleiche Schicksal teilen alle Tierrassen, die es im Haustierpark gibt. Da schnattern Emder Gänse. Sie stehen ganz oben auf der vom Aussterben bedrohten Nutztierrassen. So eigenartig es sich auch anhört: Das Fastende der Emder Gans war der genormte Backofen. Die Gänse waren die schwerste Gänserasse Deutschlands. Als die Backöfen genormt wurden,

passten die großen Tiere nicht mehr hinein. Schlagartig war es mit der Nachfrage vorbei. Na ja, gibt ein Vater zu bedenken, wenn es keine Nachfrage nach den alten Rassen mehr gibt, dann kommen eben neue und moderne. Die Tierpflegerin bittet die Familie zu einem weiteren Gehege. „Ostfriesische Milchschafe" ist zu lesen. Nach dem letzten Weltkrieg mochte niemand mehr Schafsmilch oder Schafskäse: Erinnerungen an Notzeiten waren damit verbunden. Auch die Ostfriesischen Milchschafe standen einst auf der Roten Liste. Das hat sich in den letzten Jahren gewaltig geändert. Schafskäse ist Spezialität und Schafsmilch eine gesunde Alternative für viele, die allergisch gegen Kuhmilch sind. Das

Mein persönlicher Tipp

Haben Sie schon mal etwas von Friesischen Möwen gehört? Das ist eine alte Hühnerrasse. Kein Ostfriesenwitz!!! Zu bestaunen gibt's sie im **Haustierpark** in **Werdum**. Dass es diesen Park überhaupt gibt, ist ein Hit! Man hätte das Grundstück in dem Urlaubsort nämlich auch locker als Bauland ausweisen können, die Werdumer aber haben sich entschieden, ihren Ort für Einheimische und Gäste attraktiver zu machen. Viele Besucher nehmen nun die Streichelgehege im Archepark mit Ostfriesischen Milchschafen, Walliser Schwarzhalsziegen, Poitou-Eseln oder eben den Friesischen Möwen dankend an.

Ostfriesische Milchschaf ist heute sogar ein Exportschlager. Viele alte Rassen sind speziell für bestimmte Regionen gezüchtet worden. Das Harzer Rotvieh oder das Pinzgauer Rind waren besonders gut zu Fuß. Dies mussten sie auch sein, wenn sie im Sommer die Hochweiden abgrasten. Robust und gesund mussten die Tiere sein. Und beim Stichwort gesund fällt manchem Besucher der Kneipp-pfad auf, der sich durch den Park zieht. Etwas über die Tiere lernen, Kinder glücklich ma-

chen und etwas für die eigene Gesundheit tun – ein tolles Konzept, das die Werdumer da entwickelt haben.

Wen nach so viel frischer Luft und Bewegung der Hunger zwickt, dem sei die **Windmühle** empfohlen. Dort wird noch wie zu Großelternzeiten Kuchen und Brot gebacken. Der köstliche Duft ist schon außen zu erschnuppern. Gleich nebenan in der alten Schmiede gibt es an jedem Donnerstag Vorführungen dieses alten Handwerks

Funnix – eisenharte Gartenträume

Er wäre gerne einmal ein Vogel, gesteht **Leo Wübbena**. Dann könnte er sich seinen **Skulpturengarten** einmal von oben ansehen. Seine Frau Gisela hält den Gedanken für gut, vorausgesetzt, dass sie mitfliegt. Schließlich hat

sie den Garten gestaltet und das war jede Menge Arbeit. 2007 wurde der Garten eröffnet, der auf einer ehemaligen Rinderwiese entstanden ist. Und wer vom Parkplatz aus das Gelände betritt, ist gleich erstaunt, wie

Skulpturengarten Funnix
Leo Wübbena
26409 Wittmund
Tel.: 04467/481
www.skulpturengarten-funnix.de

Ein Tisch als Kunstwerk in einem Garten. Die schönen Künste haben in Ostfriesland ein Zuhause gefunden.

Leo Wübbena hat das Ganze im Auge: Kunst und Natur, die sich harmonisch verbinden.

Linien dem Garten seine einzigartige Gestalt. Wer um die Kunstwerke herum geht, entdeckt aus jedem Blickwinkel immer neue Perspektiven. Kunst und Natur verschmelzen, bilden etwas Neues, die Augen werden verführt. Der Betrachter beginnt mit Formen und Farben zu spielen und erkennt im Abstrakten auch ein Stück des Wesens der Natur. Mit etwas Glück hört man eiserne Geräusche aus dem Atelier. Dann arbeitet Leo Wübbena an einem neuen Kunstwerk. Atelierluft schnuppern hat immer etwas Besonderes. Zeichnungen von Modellen liegen auf dem Tisch. Das Schweißgerät schlägt Funken. Eisenteile fügen sich zu einem Ganzen. Die Zeit ist vor der Tür geblieben. Einige Besucher auch. Sie erfreuen sich am selbstgebackenen Kuchen und an dem heißen Kaffee. Mit Gisela Wübbena plaudern sie über den Garten. So ein Kunstwerk im eigenen Garten – durchaus denkbar.

sich abstrakte Skulpturen in die wohlgestaltete Natur einfügen. Verschiedene Gräser und Knötericharten betten die Kunstwerke ein, hochgewachsene Bäume ummanteln die Werke. Sie wiederum geben durch ihre klaren

Jeder Schritt schafft neue Perspektiven im Skulpturengarten in Funnix.

Kartoffeln, Milch und Schiffsromantik

Die Kartoffelbauern sind stolz, aber auch ein wenig sauer. Über Jahrzehnte bauten sie **Kleikartoffeln** an, aber wirklich berühmt sind diese ostfriesischen Spezialitäten nicht geworden. Dabei haben es die Knollen wirklich in sich. Der Marschboden ist nährstoffreich und kalkhaltig. Düngung ist deshalb kaum notwendig. Vor einigen hundert Jahren wurde das Land dem Meer abgerungen. Polder nennen die Ostfriesen dieses Land. Wer jedoch meint, dass hier gleich „Salzkartoffeln" wachsen, der irrt. Das Salz hat sich längst verabschiedet, der mineralische Boden jedoch nicht und er gibt den Knollen den Wohlgeschmack. Anfang August geht die Ernte los und dauert bis in den Oktober hinein. Die Kleikartoffeln eignen sich auch hervorragend zum Einkellern, wissen die Bauern zu berichten. Um die Knollen bekannter zu machen, werden Radtouren zu den Höfen angeboten. Die Nachfrage steigt. Immer mehr Menschen möchten wissen, was sie essen und wo es herkommt. Lokale Spezialitäten stehen ganz hoch im Kurs. Beim Anblick der tollen Knollen träumt so mancher schon von … vielleicht leckerem Reibekuchen, oder doch Salzkartoffeln? Auch die Pommes kommen in den Sinn. Bratkartoffeln müssten auch ein Hit sein. Und einer aus der Radgruppe gibt laut seine Vorliebe für selbstgemachte Kartoffelchips zum Ausdruck.

Friesische Gelassenheit spiegeln nicht nur die Bronzefiguren im Hafen von Neuharlingersiel wider. Sich Zeit nehmen und genießen, dies wissen auch die Urlauber zu schätzen.

Hof Janßen
Groß Holum 14–18
26427 Groß Holum
bei Neuharlingersiel
www.friesenhof-janssen.de

Feiner Sand, das Wattenmeer, viel Zeit und ein Strandkorb. So lässt man die Seele baumeln – und die Füße auch. Kultur und friesische Geschichte gibt es in Neuharlingersiel gleich nebenan im Sielhof. Feinschmecker schätzen den Hafen. Direkt vom Krabbenkutter gibt es den frischen Fang. Doch das Krabbenpulen will geübt sein

Die könnten auch zum Deichlamm passen. Viele ziehen aber zum Lamm Rosmarinkartoffeln vor. Deichlämmer sind eine weitere Spezialität Ostfrieslands. Sie sind die ökologischen Deichschützer mit Leckergarantie. Mit ihren Klauen treten sie den Deichboden fest und sorgen so dafür, dass bei Sturmflut das Wasser nicht den Deich aufweichen kann. Im Deichvorland halten sie den Bewuchs kurz, was wiederum die Wiesenbrüter erfreut. Wenn Letztere auf ihren Eiern sitzen und brüten, legen sie Wert auf Weitsicht. Tja, und dann kommt

Ob Gast oder Einheimischer, der Treffpunkt in Neuharlingersiel ist der Hafen. Kutter, Kneipen, Kunst, alles findet sich hier.

Kurverein Neuharlingersiel e.V.

Edo-Edzards-Str. 1
26427 Neuharlingersiel
Tel.: 04974/1880
www.neuharlingersiel.de

Mein persönlicher Tipp

Mein erster Tipp für Ostfriesland: Rauf aufs Wasser! Die Frische und Weite tut einfach gut. Von **Neuharlingersiel** geht es z. B. mit dem ehemaligen Krabbenkutter „Gorch Fock" zu den **Seehundbänken** zwischen Langeoog und Spiekeroog. Der sympathische Wilhelm Jacobs zeigt Urlaubern die Schönheiten seiner Heimat. Er ist ein ostfriesisches Urgestein, Fischer in der fünften Generation und ein Mann mit Herz und Seele, der so lebendig und ehrlich vom Meer, dem Watt und den Gezeiten erzählt, dass die Fahrt mit ihm auch ohne Seehunde schon ein tolles Erlebnis wäre.

Die Geschichte der Seefahrt wurde durch die Flaschenhälse geschoben. Von der Kogge bis zur Titanic – alles ist im Buddelschiffmuseum zu sehen.

Buddelschiffmuseum

Am Hafen Westseite 7
26427 Neuharlingersiel
Tel.: 049 74/2 24
www.buddelschiffmuseum.de

der Herbst und die Niederländer. Sie kaufen viele der Deichlämmer auf, die im letzten Winter und Frühjahr geboren wurden, um sie als teure Spezialität in Frankreich zu verkaufen. Den französischen Gourmets kommen aber zunehmend deutsche Leckermäuler in die Quere. Auch hierzulande werden die Deichlämmer immer beliebter. Das trifft auf die gute Milch leider nicht so zu, dabei ist Ostfriesland eines der Mutterländer der Milchviehzucht. Schon Tacitus, der römische Historiker, wusste von der friesischen Viehzucht zu berichten. Das hochbegehrte Vieh wurde weltweit exportiert. Deutsches Niederungsrind hieß die Rasse. In den USA entstand daraus die Rasse Holstein-Friesian, die das Deutsche Niederungsrind – leider – verdrängt hat. Die rein auf Milchproduktion gezüchteten Tiere machen Probleme. Seit die Milchquote weggefallen

ist, leiden Europa und die Milchbauern unter einer Überproduktion. Die Preise fallen ins Bodenlose. Ein Liter Cola ist mittlerweile teurer als ein Liter Milch.

Genug der Dramen. Nur wenige Kilometer weiter liegt der idyllische Hafen von **Neuharlingersiel**. Hier wird flaniert und die herrliche Aussicht genossen. Im vorgelagerten Hafen fahren die Fähren nach Spiekeroog ab. Wer die Schiffe lieber handlicher möchte, ist im **Buddelschiffmuseum** bestens aufgehoben. Natürlich stellt sich jedem erstmal die Frage: Wie kommen die kleinen Kunstwerke in die Flasche? Es gibt Modelle, an denen jeder sein Können ausprobieren kann. Spätestens nach zehn Minuten hat man den tiefsten Respekt vor den Buddelschiffbauern. Die filigrane Arbeit erfordert mehr als nur Fingerspitzengefühl. Strategie und ein ver-

Mein persönlicher Tipp

Im kleinen, aber feinen **Buddelschiffmuseum** direkt am Hafen von Neuharlingersiel können Sie lernen, wie das Schiff in die Buddel kommt. Ob „Gorch Fock", „Pamir", „Titanic", die „Seute Deern" oder die „Rickmer Rickmers" – alle Schiffe sind maßstabsgetreu nachgebaut und in eine Buddel gesteckt. Wer allerdings meint, das sei das Hobby von Seeleuten, der irrt. Die Buddelschiffe stammen allesamt von Jonny Reinert, einem inzwischen verstorbenen Bergmann aus dem Ruhrgebiet.

dammt gutes Auge sind nötig. Und schon taucht die nächste Frage auf: Wie haben die Seeleute das nur auf den schwankenden Brettern der Kojen und Kajüten geschafft? Die Antwort ist eher ernüchternd: Gar nicht! Die Buddelschiffkünstler waren und sind fast alle Landratten. Über Monate bauen sie die Modelle, legen sie dann wieder in Formstücke auseinander, um sie dann durch den Flaschenhals zu schieben und dort – meist mit selbstgemachtem Werkzeug – wieder zusammenzusetzen. Von der Titanic über alte Wikingerschiffe bis hin zur Gorch Fock ist alles in Flaschenform zu bewundern.

Auf der Westseite liegen der Strand und das Badewerk mit Schwimmbad, Massagen, Thalasso und Schlickpackungen. Neuharlingersiel hat eine sogenannte Schlickblase, aus der der Schlick kommt und sowohl warm als auch kalt aufgetragen werden kann. Ganz umsonst ist das Reizklima der Nordsee. Für Atemwegserkrankungen, Asthma und auch teilweise für Hauterkrankungen ist die Nordseeluft eine Erleichterung. Die Kraft der Nordseeluft spüren aber auch viele Besucher, wenn sie ankommen. Sie werden müde, das legt sich aber meist nach zwei Tagen und die Lebensfreude kommt mit Kraft zurück.

Esens – wenn Künstler kommen

Was macht eine Stadt mit einem denkmalgeschützten Gebäude, das ihr gehört, aber deren Sanierung viel Geld kosten würde? Es verfallen lassen wegen leerer Kassen? Einen Investor suchen? Oder anders denken? Vor diesen Fragen standen die Stadtväter und -mütter vor einigen Jahren in Esens. Das Haus – eine noble Villa in der Innenstadt, an der der Zahn der Zeit schon mächtig genagt hatte. Die Investoren winkten ab. Eine Sanierung auf Stadtkosten war nicht zu machen. Verfallen lassen – nee! Da stand der Stolz der Esener vor. Und da kam die Idee. Das Haus einem Künstler, einem namhaften Künstler, mit der

Cyrus Overbeck, der bekannte Künstler, hat in Esens eine neue Heimat gefunden. Sein Atelier liegt mitten in der Stadt und ist an den Wochenenden geöffnet.

Cyrus Overbeck
Marktstraße 8
26427 Esens
Tel.: 01 72/2 06 72 53

Immer wieder zog und zieht es Künstler nach Ostfriesland. Über 100 Jahre galt die Küste als Geheimtipp. Das besondere Licht und die Farben inspirieren sie. Aber nicht nur dies, auch die Mentalität der Friesen hat einiges zu bieten. So spielte in Esens ein Bär eine befreiende Rolle. Ihm zur Ehr' hat ein Künstler Meister Petz in Bronze gegossen (rechts).

Touristinformation Esens Bensersiel

Herdetor 38–40
26427 Esens
Tel.: 04971/9170
www.bensersiel.de

Auflage der Sanierung für kleines Geld überlassen. **Cyrus Overbeck**, der schon sein Domizil in Friesland aufgeschlagen hatte, sah, kam und kaufte. Heute ist das Haus ein riesiges Atelier und ein Schmuckstück in der Straße. Im Parterre stapeln sich Bilderrahmen. Im Nebenraum steht der Schreibtisch und einen Raum weiter entstehen Radierungen. Im Obergeschoss malt der Künstler und wohnt auch dort. Wenn Cyrus Overbeck aus dem Fenster schaut, blickt er auf kleine Lädchen, die der Stadt auch ihren Charme geben.

Gleich hinter den Lädchen erhebt sich die St.-Magnus-Kirche. Sie wurde 1848 bis 1854 im Stil des Romantischen Historismus erbaut. Unweit der Kirche fällt eine Bronzestatue auf, die einen **Bären** darstellt. Die Legende besagt, dass Esens einst belagert wurde und die Stadt ausgehungert werden sollte. Nach Wo-

chen der Belagerung und in größter Hungersnot kamen die Esener auf die Idee, einen Bären, der gerade vor der Belagerung vom Fahrenden Volk in die Stadt gebracht worden war, auf die Befestigungsmauer zu führen. Als die Belagerer den dicken Bären sahen, gaben sie die Belagerung auf. Seither ist der Bär das Symbol der Esener Freiheit. Wenige Schritte weiter liegt der Marktplatz mit dem historischen Rathaus. Kluge Köpfe verhinderten dort, dass viele alte Häuser abgerissen wurden. Der Zulauf an Besuchern gibt ihnen im Nachhinein Recht.

Den erlebt auch Cyrus Overbeck an jedem Freitag, wenn er seine Galerie in der Fußgängerzone öffnet. Er arbeitet auch in Düsseldorf, New York und seiner Heimatstadt Duisburg. Ostfriesland hat er als Kind kennengelernt. Damals litt er unter Asthma. Die Nordseeluft

schaffte ihm Erleichterung. Eine tiefe Verbundenheit mit dem Norden empfindet er seither, aber es ist noch ein Stück mehr: Er schätzt die Ostfriesen. Dass er ein bekannter Künstler ist, interessiert sie weniger. Dass er ein wirklich offener und humorvoller Mensch ist, finden sie richtig gut. Und so wundert es wenig, dass freitags die Galerie oft voll besetzt ist.

Kleine Gassen und alte Häuser – das zeichnet die Innenstadt von Esens aus. Zum „Shoppen" schön!

Watt'n Watt – zum Wandern schön

Vor dem **Wattenhuus** in Bensersiel sammelt sich eine Gruppe. Die meisten tragen kurze Hosen und Windjacken. Auch der „Ostfriesennerz" ist auszumachen. Als David, der Wattführer, das Schuhwerk einiger seiner „Wattläufer" sieht, schüttelt er nur den Kopf. Mit Bergstiefeln sollte man auf keinen Fall ins Watt gegen. Der Schlick saugt sie einfach fest. Barfuß ist auch nicht zu empfehlen, weil die Muschelschalen durchaus zu messerscharfen

Waffen werden können, die blutige Spuren hinterlassen. Wattschuhe sind angebracht. Eine Art Socken mit fester Sohle. Durch den Kurpark geht es Richtung Watt. Der Zeitpunkt – wie sollte es auch anders sein – ist richtig gewählt. Gerade zieht sich das Wasser zurück. Das ganze Wattenmeer glänzt in der Sonne. Das Wasser scheint es eilig zu haben. Die kleinen Rinnsale laufen in die Priele und die machen sich auf den Weg in die offene

See. Eine Herzmuschel vergräbt sich eilig im feuchten Sand. Ein Segelschiff bekommt Schlagseite. Es hat nicht rechtzeitig den Weg in den Hafen gefunden. Jetzt dürfen die Skipper auf die nächste Flut warten. Macht nichts! Dafür bekommen sie, wie auch die Wattwanderer, ein einmaliges Schauspiel geboten. Die Möwen kommen in Scharen. Die Lachmöwen mit ihrem dunklen Kopf lassen sich auf einer Sandbank nieder. Das finden die Knutts gar nicht gut und steigen als Schwarm auf, dass sich ein Teil des Himmels verdunkelt. Silbermöwen warten neben der Fahrrinne. Es könnte ja noch ein Krabbenkutter kommen. Da fliegt so mancher Leckerbissen über Bord. Für den Knutt, erfahren die Wattwanderer, sind Muscheln die wahren Leckerbissen. Die kleinen Schnepfenvögel haben es in sich – magentechnisch gesehen. Sie verspeisen die Muscheln als Ganzes, denn ihr Magen kann die Muschelschale auflösen. Da sie zu den Zug-

vögeln gehören, spart das Zeit und Energie. Die brauchen sie auch auf ihrem Weg von der Tundra bis nach Afrika. Teilweise legen sie die Strecken von der Nordsee bis nach Afrika in einem Flug zurück. Dabei können sie jeweils eine Gehirnhälfte auf Tiefschlaf stellen. Das beeindruckt die Wattwanderer. Der eher unscheinbare Vogel wird zum Superstar. Erheblich schwerer hatten es die armen Menschen, die es auch an der Küste gab. Sie zogen bei Ebbe mit kleinen Netzen, die auf einen Holzrahmen gespannt waren, in die Priele, um dort Krabben zu fangen. Einige stellten auch Stellnetze auf. Um sich den Weg zu ihren Jagdgründen etwas zu erleichtern, bauten sie sich Schlickschlitten. Mit dem einen Bein knieten sie auf dem Schlitten und das andere Bein trieb den Schlitten voran. Anfangs ein Spaß und später eine schweißtreibende Aktion. Dagegen ist so eine Wattwanderung geradezu ein Spaziergang.

Ein einzigartiger Lebensraum ist das Land zwischen Ebbe und Flut. Nur wenige Pflanzen, wie der Queller, kommen mit der salzigen Erde und dem Salzwasser zurecht. Kein Wunder, dass dieser Lebensraum zum Weltnaturerbe erklärt wurde.

Wattenhuus Bensersiel

Seestr. 1
26427 Esens
Tel.: 04971/5848
((Schloss Dornum))

Dornum – eine mörderische Perle

Der Rat einer Schwiegermutter kann tödlich sein. In Dornum herrschte der Häuptling Hero Attena. Sein Sohn Lütet war mit der lebenslustigen, zuweilen auch aufsässigen und wohl auch untreuen Ocka verheiratet. Der gehörnte wie genervte Häuptlingssohn bat seine Schwiegermutter **Foelke Kampana**, Ehefrau des Häuptlings Ocko I. tom Brok, um Rat. Die Herrscherdame schien auch zu ihrer Tochter kein sonderlich gutes Verhältnis zu haben, denn sie empfahl ihrem Schwiegersohn, ihre Tochter zu erschlagen. Dies tat er auch. Hier scheint sich die These zu bestätigen, dass viele Morde aus Schwäche und nicht aus Stärke verübt werden.

Lütet zog sich mit seinem Häuptlingsvater auf die **Norderburg** in Dornum zurück. Schwiegermutter Foelke sammelte ihr Heer und zog gegen Dornum. Sie eroberte die Burg und ließ Vater und Sohn im Innenhof der Burg köpfen. Die reiche Beute teilte sie in der Folgezeit unter den Ihren auf. Foelke, so lässt sich vermuten, hat von Beginn an ein heimtückisches Spiel geführt, da sie wohl den Mord an ihrer Tochter in Kauf nahm, um ihre Macht zu erweitern. Der Schwiegersohn war der Mörder und sie die Rächerin – ein Stoff, aus dem die Krimis sind.

Mit der sächsischen Fehde (1514–1517) endete die Herrschaft der Kampana. Die drei

Einmal im Jahr treffen sich die edlen Ritter, die Damen vom mittelalterlichen Adel, die Knappen und Mägde in Dornum, um das Mittelalter zu erleben. Es wird gekämpft, gekocht – natürlich auch Met getrunken – und gesungen. Viele Besucher bestaunen das Fest am Schloss, das heute eine Schule beherbergt.

Burgen, die es in Dornum gab, wurden zerstört. Die Norderburg und die Beninga Burg später wieder aufgebaut. Heute beherbergt die Norderburg die einzige staatliche Realschule Deutschlands. In den Schulferien finden im ehemaligen Rittersaal Ausstellungen und Lesungen statt. Und dann, kaum haben die Sommerferien begonnen, kehrt **das Mittelalter** für eine Woche zurück. Mägde und Burgfrauen, Ritter und Knappen bevölkern die Wiesen rund um die Norderburg. Es wird gefochten, mit Pfeil und Bogen geschossen

und mittelalterliches Handwerk gezeigt. Fröhlich geht es zu und damit treffen sie auch sicher einen Teil des Mittelalters, das gar nicht so düster war, wie oft behauptet wird. So mancher Kirchenfürst schlug zur damaligen Zeit über den lockeren Lebenswandel seiner „Gläubigen" die Hände über dem Kopf zusammen. Lütets Ehefrau schien gar nicht so sehr eine Ausnahme gewesen zu sein. Viele Ehen waren Zweckehen – seine wahrscheinlich auch – und jeder suchte sein Vergnügen.

Wasserschloss/Norderburg

Schloßstr. 3
26553 Dornum
Tel.: 04933/91110

Ein Schloss mit einer Mordsgeschichte – und das ist wörtlich zu nehmen. Hier spielten sich Familientragödien ab.

Synagoge Dornum

Kirchstr. 6
26553 Dornum
Tel.: 04933/342
www.synagoge-dornum.de

Wer Dornum besucht, sollte auf jeden Fall auch einen Rundgang durch den Ort machen. Da gibt es einiges zu entdecken. Neben der Norderburg wurde auch noch die Beninga Burg wieder aufgebaut, in der heute ein Restaurant und Hotel untergebracht sind In den alten, ehrwürdigen Räumen hängt eine ganze Galerie mit Porträts ehemaliger Häuptlinge und anderer Würdenträger. Wenige Meter weiter öffnet sich der Marktplatz, wo Dornum sein historisches Gesicht bewahrt hat.

Als wahre Perle erweist sich die **Synagoge**, die als einzige in Ostfriesland in der Reichspogromnacht nicht zerstört wurde. Das lag daran, dass sie zuvor verkauft wurde. Heute ist eine liebevolle und wissensreiche Dauerausstellung über das jüdische Leben in Ostfriesland dort zu sehen.

Sie ist die einzige Synagoge, die die Zeit des Nationalsozialismus überstanden hat. Das jüdische Gotteshaus steht im Zentrum von Dornum und zeigt die lange und ebenso reichhaltige Geschichte der jüdischen Mitbürger in Ostfriesland.

... und dann wird's komisch!

Wer kennt schon **Minnie Schönberg**?! Sie wurde 1865 geboren. Ihre Eltern gehörten nicht gerade zu den Wohlhabenden in Dornum. Dies war auch wohl der Grund, warum Minnie mit gerade mal 15 Jahren in die USA auswanderte. In den USA lernte sie Samuel (Sam) Marx kennen. Er stand nicht im Verdacht, ein fleißiger Arbeiter zu sein. Das Paar bekam fünf Jungen – die später berühmten **Marx Brothers**. Der älteste Sohn Manfred starb bereits im Kindesalter. Die Typen waren klar entwickelt. Da war Groucho, der Zyniker mit dem aufgemalten Bart, Chico, der immer einen Italiener spielte, und Harpo, der Stumme mit der Harfe, der immer unter seinem Mantel skurrile Gegenstände trug. Ihre Karriere begann auf der Bühne, wo auch ab und zu Mutter Minnie mitspielte. Zu Beginn der Karriere spielte Groucho noch den Deutschen. Mit Ausbruch des 1. Weltkriegs legte er diese Rolle ab. Ihre Sketche, ihre Radiosendungen und Filme gingen um die Welt. Da stellt sich die Frage, ob die Marx Brothers deutsch sprachen? Dies erscheint unwahrscheinlich. Mut-

Historisches Foto der Marx Brothers Marx Brothers mit ihren Eltern um 1915. V.l.n.r.: Groucho, Gummo, Minnie, Zeppo, Sam (Frenchie), Chico, Harpo.

Theater, Film und Fernsehen machten die Marx-Brothers nicht nur in den USA berühmt. Schräger Humor war ihr Markenzeichen. Groucho Marx soll einmal Dornum besucht haben. Leider gibt es dafür keine Belege.

ter Minnie war mit Plattdeutsch groß geworden. Einige behaupten, dass Groucho einmal Dornum besucht haben soll, einen Beweis dafür gibt es jedoch nicht.

Obstanbau – dafür ist Ostfriesland nicht gerade bekannt. Dass die süßen Früchte trotzdem gedeihen, dafür steht Familie Pop-

pinga. Etwas außerhalb von Dornum befinden sich die Plantagen. In dritter Generation betreibt **Onno Poppinga** den Obsthof. Sein Großvater wurde auf einem Bauernhof geboren, war aber nicht der Hofnachfolger. Der friesischen Tradition folgend, bekam er eine gute Ausbildung und wurde Lehrer. Ganz von der Landwirtschaft lassen, das mochte er allerdings nicht. So entstand der erste Obstgarten. Um die Bäume und Früchte vor Wind und Kälte zu schützen, begann er hochwachsende Bäume um den Garten zu pflanzen. Die Idee erwies sich als durchaus wirkungsvoll. Ein Mikroklima entstand. Die passenden Sorten waren auch bald gefunden. Heute wachsen über 30 000 Obstbäume auf der Plantage. Pflaumen, Äpfel, Birnen und Kirschen gedeihen prächtig. Um die Kirschen vor Regen zu schützen, hat Onno Poppinga sie vor einigen Jahren unter Folien gesetzt. Die Maßnahme war äußerst erfolgreich. Das ganze Obst wird auf Wochenmärkten und im eigenen Hofladen vermarktet. Um die Frische bei Kirschen zu erkennen, reicht ein Blick auf den Stiel – ist er noch grün und saftig, ist die Kirsche frisch – und damit auch noch geschmackvoller. Ist der Stiel braun und eingefallen … Die Ernte der Früchte, wie auch die Pflege des Obstes ist immer noch viel Handarbeit. Und was gibt es Schöneres, als in frisches Obst zu beißen und den köstlich süßen Geschmack zu genießen!

Nicht weit vom Hofladen entfernt ragt eine Windmühle in den Himmel. Vor Jahren kaufte Onno Poppinga die Ruine. Mit Wandergesellen ließ er sie über 12 Jahre hinweg wieder aufbauen. Fünf Stockwerke ist sie hoch. Im Inneren sind Büros untergebracht. Hier werden die Projekte für „Bingo-Lotto" des NDR bearbeitet.

Süßes Ostfriesland! Rund um die restaurierte Mühle vor Dornum wachsen Apfel-, Birnen-, Pflaumen- und Kirschbäume. Ein guter Teil des geernteten Obstes wird im eigenen Hofladen verkauft.

Obstplantage Poppinga
Accumer Riege 19
26553 Dornum
Tel.: 04933/99 11 0

Von Dornum nach Norddeich

Da schlägt nicht nur das Herz der Eisenbahnfreunde höher. Kinder mit glänzenden Augen, erwartungsvolle Eltern, die fröhlich über ihre Erinnerungen an die Eisenbahn aus ihrer Kindheit plaudern. Der alte Bahnhof in Dornum ist gut besucht. Gleich kommt die historische Eisenbahn aus Norden und fährt von Dornum nach Norden zurück. Die Geschichte der **Ostfriesischen Küstenbahn** war ein langer und zäher Kampf. Bereits 1846 hatte die Stadt Norden den ersten Antrag gestellt, es sollten aber noch über 40 Jahre vergehen, bis die Strecke endlich eingeweiht wurde. Damals führte die 77 Kilometer lange Strecke von Norden bis nach Wittmund. Von dort gab es eine weitere Verbindung nach Jever, das zu dieser Zeit zu Oldenburg gehörte. An der „Grenze" gab es einen Bahnhof mit dem klangvollen Namen „Vereinigung". Preußisch korrekt wurden auch die Geschwindigkeiten festgelegt. Auf freier Strecke durfte der Zug mit 20 km/h fahren, wenn er neben der Straße fuhr, waren nur 15 km/h erlaubt. Mit dem boomenden Tourismus, aber auch für den Güterverkehr wurde die Strecke immer mehr ausgebaut. In den 1950er-Jahren gab es sogar Kurswagen bis nach Köln. Der Autoboom machte die Strecke jedoch bald unrentabel. Um die Geschichte und die Züge zu erhalten, gründete sich in den 80er-Jahren ein Verein, der bis heute den Bahnbetrieb durchführt und organisiert. Vorsicht an der Bahnsteigkante – der Zug fährt ein! Fast ehrfürchtig besteigen die Reisenden den Zug. Reisen, stellen einige fest, war früher eine harte Sache. Damit meinen sie wohl die Sitze. Es knirscht, es ruckelt – der Zug fährt ab. Mit dem Rad ist man schneller, bemerkt ein Fahrgast mit einem breiten Lächeln. Aber wer will es schon schneller? Die ostfriesische Landschaft zieht vorbei. Satte Weiden, grasende Kühe, Getreidefelder und eine Sicht weit hinein ins Land.

Der nächste Halt ist **Lütetsburg**. Die Pause reicht für einen kleinen Rundgang. Etwas mehr Zeit sollte man sich für einen Besuch im Schlosspark des **Wasserschlosses** nehmen. Das Schloss selber ist nicht zu besichtigen, da es sich immer noch in Privatbesitz befindet und von der Familie von Innhausen und Knyphausen bewohnt wird. Der 30 Hektar große Park wurde zwischen 1790 und 1813 als Englischer Landschaftsgarten angelegt. Gegründet, wie sollte es auch in Ostfriesland anders sein, von einem Häuptling im 14. Jahrhundert.

Weiter geht es nach Norden und damit wieder an die Nordsee.

MKO Museumseisenbahn

Küstenbahn Ostfriesland e.V.
Am Bahndamm 4
26506 Norden
Tel.: 04931/169030
www.mkoev.de

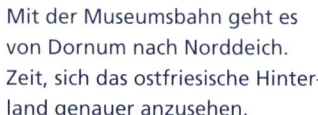

Mit der Museumsbahn geht es von Dornum nach Norddeich. Zeit, sich das ostfriesische Hinterland genauer anzusehen.

n Nordseeklima gedeihen vor allem Rhododendren hervorragend. In den Parks und Gärten sind sie in all ihren Farben und
ormen zu finden. Von Ende April bis Anfang Juni zeigen sie ihre
ganze Pracht. Buchen- und Eichenalleen führen zu Burgen und
Schlössern wie in Lütetsburg.

Schlosspark Lütetsburg
Landstr. 55
26524 Lütetsburg
Tel.: 0 49 31/42 54
www.schlosspark-luetetsburg.com

Tee – ein ostfriesisches Heiligtum

Nach dem 2. Weltkrieg, so erzählen einige Ostfriesen glaubhaft, gab es zwischen Ostfriesland und dem Rheinland einen regen Tauschhandel. Lebensmittelkarten gegen Tee. Die Ostfriesen sind Weltmeister im Teetrinken. 300 Liter trinken die Ostfriesen pro Jahr und Kopf. Die **„Teetied"** oder Teezeremonie sind die geheiligten Stunden des Tages. Bevor der Tee seinen Siegeszug antrat, war im Lande gebrautes Bier das Hauptgetränk. Der Tee war günstiger und auch exklusiver. Allerdings musste er importiert werden, was zeitweilig der Obrigkeit gar nicht passte, denn schließlich floss dadurch viel Geld ins Ausland. Die Ostfriesen blieben stur und bei ihrem Tee.

Die Anfänge **ostfriesischer Teekultur** reichen in das frühe 17. Jahrhundert zurück. Um 1610 brachten erstmals Schiffe Tee nach Europa. Schon bald darauf dürfte durch ostfriesische Schiffer, die auf niederländische Rechnung fuhren, erstmals Tee auch nach Ostfriesland gelangt sein. Zunächst wurde Tee nur als Medizin verabreicht. Etwa um 1720 herum existierte bereits ein umfangreicher Teehandel in Ostfriesland.

Der Teegenuss verbreitete sich im späten 18. Jahrhundert – etwa zeitgleich mit der Verbreitung der Kartoffel als Grundnahrungsmittel – in ganz Ostfriesland und wurde zunächst auch von Friedrich II. gefördert. Nach dem

Norden – ein Kleinod unweit der Künste und Schauplatz für gruselig schöne Krimis, die Hans Peter Wolf schreibt. Viele Krimifans folgen den Spuren durch den Ort und können so eine ganz besondere Stadtführung erleben. Wer nicht gerade auf Mörderjagd ist, dem bietet Norden auch reichlich Abwechslung. Spiel und Spaß für die Kleinen und schöne Shops für die Großen.

Tourist Information Norden/Norddeich

Dörper Weg 22
26506 Norden
Tel.: 04931/986-200
www.norddeich.de

Der rote Backstein ist das Baumaterial in Ostfriesland. Viele herrschaftliche Gebäude sind Zeugnisse der reichen Vergangenheit. Handel und Landwirtschaft brachten Wohlstand nach Ostfriesland.

Früh übt sich, wer ein echter Ostfriese werden will. Mit Sahne Wölkchen auf den Tee zaubern, das lernen schon die Jüngsten.

Ostfriesisches Teemuseum

Am Markt 36
26506 Norden
Tel.: 04931/1 21 00
www.teemuseum.de

Scheitern der Ostasiatischen Handelskompanie in Emden versuchte er ab 1768 den Ostfriesen das inzwischen liebgewordene Teetrinken abzugewöhnen. Ein hoffnungsloses Unterfangen, denn es halfen keine Verordnung, kein Erlass und auch kein gutes Zureden. Auch die Idee, die Ostfriesen davon zu überzeugen, dass sie doch lieber Zitronenmelisse oder eine Petersilien-Art aufbrühen sollten, half nicht. Erfolglos blieben auch die Versuche, den Teehandel einzuschränken, Die Ostfriesen schmuggelten. Die ostfriesischen

Landstände verfassten am 11. Mai 1779 einen Brief, in dem sie erklärten: „Der Gebrauch des Thee und Caffe ist hierzulande so allgemein und so tief eingewurzelt, dass die Natur des Menschen schon durch eine schöpferische Kraft müßte umgekehrt werden, wenn sie diesen Getränken auf einmal gute Nacht sagen sollte." Nach weiteren zwei Jahren gab der König von Preußen frustriert sein Vorhaben auf und erlaubte seinen ostfriesischen Untertanen wieder den Genuss des „chinesischen Drachengiftes".

Wer zu einer ostfriesischen **Teezeremonie** eingeladen wird, sollte wissen, dass zuerst ein Stück Kluntje in die Tasse kommt. Anschließend kommt der Tee hinzu. Unter dem heißen Tee knistert der Kluntje. Mit einem speziellen Löffel kommt – langsam vom Rand eingegossen – die Sahne/Milch hinzu. Etwas warten, dann steigen die Wölkchen auf. Bitte nicht umrühren! Jedem Gast stehen drei Tassen Tee zu. Anfangs etwas herb, wird der Tee immer süßer. Und wer noch mehr zur Geschichte wissen möchte, dem sei ein Besuch im **Teemuseum** in Norden empfohlen.

Der große Marktplatz im Zentrum Nordens hat eine Fläche von über 6 Hektar und einen Baumbestand mit teils über 200 Jahre alten Bäumen. An der Südseite des Marktplatzes steht das Gebäudeensemble der so genannten Dree Süsters („Drei Schwestern"). Es besteht aus drei giebelständigen Backsteinbauten der Renaissance mit sehr ähnlich gestalteten Fassaden. Sie entstanden um das Jahr 1600. In den 1960er-Jahren musste das rechte der drei Häuser einem Parkplatz weichen, wurde aber 1991 originalgetreu wiedererrichtet. Am Markt 46 steht ein Haus, das früher der Apothekerfamilie Groenewold gehörte. Das spätgotische Gebäude entstand um 1500 und wurde 1680 umgestaltet. Ein erneuter Umbau erfolgte im 19. Jahrhundert. Im Alten Rathaus befinden sich das Heimatmuseum und das angeschlossene Teemuseum.

Mein persönlicher Tipp

Jetzt aber erst mal gemütlich einen **Ostfriesentee** trinken! In Teestuben, wie es sie nur hier oben in Ostfriesland gibt, können Sie dieses ostfriesische Nationalgetränk genießen: so richtig echt mit „Kluntje und Wölkje". Und während die Teekanne auf dem Stövchen warmgehalten wird, kann man die Welt da draußen ein bisschen vergessen. Ach, ich liebe diese ostfriesische Gemütlichkeit! Und „Teetied" ist in Ostfriesland immer.
Im **Teemuseum** in der Altstadt von Norden erfahren Sie alles über die Liebe der Ostfriesen zu ihrem Tee: von der genau richtigen Mischung der verschiedenen schwarzen Tees zum Ostfriesentee bis hin zum traditionellen Geschirr.

Beliebt – die Seehundstation

Große Knopfaugen und ein Gesicht zum Verlieben – die „Heuler", die verwaisten Seehunde, rühren das Herz. In Norddeich werden sie liebevoll aufgepäppelt.

Verein zur Erforschung und Erhaltung des Seehundes e.V.

Dörper Weg 24
26506 Norden
Tel.: 04931/973330
www.seehundstation-norddeich.de

Große Kulleraugen, eine Stupsnase, leicht geflecktes Fell und etwas irritierend – der Fischgeruch! Eindeutig, es ist eine junge Robbe oder, besser gesagt, ein Heuler.

Als in den 60er-Jahren die Seehundbestände dramatisch zurückgingen, kam man auf die Idee, das Leben der Tiere zu erforschen, um damit den Bestand zu sichern. Bis dahin war der Seehund für viele nur Nahrungskonkurrent. Mit der Idee wuchs auch die Überlegung, eine **Aufzuchtstation für Heuler** zu bauen, die in den Sommermonaten immer wieder an den Stränden der Nord-

see gefunden wurden. 1971 wurde die erste Seehundstation eingerichtet. Im Laufe der Jahre wurde die Station verlegt, immer weiter ausgebaut und verzeichnet heute jährlich etwa 250000 Besucher. In den Sommermonaten werden die Welpen geboren. Bei Sturm oder viel häufiger durch Schuld der Menschen, die sich den Tieren zu stark nähern, kommt es immer wieder vor, dass die Jungtiere ihre Mutter verlieren. Doch vorsichtig! Nicht jeder Heuler, auch wenn er noch so jämmerlich heult, wurde von der Mutter getrennt. Oft ist das Muttertier auf Jagd. Also

Hände weg, wenn man einen Heuler findet, und die Station verständigen.

Die Aufzucht der Heuler ist kein Zuckerschlecken – weder für die Pfleger, noch für die Tiere. Da sie erst lernen müssen Fisch zu fressen, müssen sie zwangsernährt werden. Haben sie nach einigen Wochen ihr Auswilderungsgewicht von mindestens 25 Kilogramm erreicht, werden sie ausgewildert. Durch ein Fenster können die Besucher auch das Leben der Seehunde unter Wasser erleben. Da zeigen sie ihre ganze Eleganz.

Waloseum auf der Spur der Wale? Von allen Walarten, die es weltweit gibt, sind in der Nordsee nur die **Schweinswale** zu Hause. Warum die possierlichen Tiere Schweinswale heißen, ist einem Naturkundler aus dem Mittelalter zu verdanken. Er befand, dass der kleine Zahnwal große Ähnlichkeit mit einem Schwein habe. Zu jener Zeit hielt man Wale noch für Fische. Bereits Aristoteles und Plinius der Ältere beschrieben die Schweinswale. In Brehms Tierleben heißt es, dass die Schweinswale bis weit in die Elbe und Weser hinein schwammen. Diese Zeiten sind längst vorbei. Heute ist es ein Glücksfall, wenn man eines der Tiere beobachten kann. Der Schweinswal, der den Delfinen ähnlich ist, lebt meist als Einzelgänger oder in sehr kleinen Gruppen. Selten springt er aus dem Wasser und den Hauptteil seiner Nahrung sucht er am Meeresgrund. Mit der Nase wühlt er den Boden auf und holt sich so Plattfische wie Scholle und Seezunge.

Im Frühjahr kommt es immer wieder mal vor, dass sich **Pottwale** in die Nordsee verirren. Auf ihrer langen Reise nach Norden biegen einige falsch ab und landen in der flachen Nordsee. Dort scheint ihr Sonarsystem nicht mehr zu funktionieren. Sie stranden und

verenden jämmerlich. Das Skelett eines dieser Pottwale ist im Waloseum von Norden zu bestaunen. Diese Giganten der Meere können über 1000 Meter tief tauchen und jagen dort Tintenfische, die zu ihrer Hauptnahrung gehören. Das im Waloseum ausgestellte Skelett eines Pottwals stammt von einem 2003 vor Norderney gestrandeten Exemplar und ist 15 Meter lang. Filme zeigen die faszinierende Welt der Wale und Delfine. Nicht öffentlich, aber wichtig ist die Vogelpflegestation, wo kranke und verletzte Wildvögel gepflegt werden.

Endlich Frischfisch! In der ersten Zeit bekommen die Heuler nur Brei. Nach einigen Monaten gibt's dann feste Nahrung. So ist eben das Kinderleben.

Waloseum
Osterlooger Weg 3
26506 Norden
Tel.: 04931/8919
www.waloseum.de

Das gewaltige Skelett eines Pottwals ist im Waloseum von Norden zu bestaunen. Immer wieder werden Wale an die Strände der Nordsee gespült. In der flachen Nordsee scheint ihr Ortungssystem zu versagen.

Greetsiel – einfach zauberhaft

Unter den ostfriesischen Sielorten konnte Greetsiel konnte sein Ortsbild mit den alten Fischerhäusern bis heute am besten bewahren. Ein Gang durch den beschaulichen Ort lässt friesische Geschichte wieder aufleben. Im malerischen Fischereihafen liegen gegenwärtig noch 27 Krabbenkutter. Die evangelisch-reformierte Kirche wurde zwischen 1380 und 1410 als Eigenkirche des **Häuptlings Haro Edzardsna** errichtet. An der Spitze wird der Bau von einem kleinen, mit einer Uhr ausgestatteten Dachreiter geschmückt. Die Wetterfahne in Form eines Schiffes kam 1730 drauf und stellt einen Dreimaster dar. Der eigentliche Glockenturm steht etwas abseits. Das schlichte, ehemals von einer Flachdecke abgeschlossene Innere wird seit 1852 von einer etwas gewölbten Holzdecke überspannt.

Das Steinhaus, einst Stammsitz der Häuptlingsfamilie Cirksena, liegt am Ende der Hohen Straße und wurde gegen 1600 erbaut. Der bedeutendste Herrscher aus dem Hause Cirksena war Edzard der Große (1462–1528), unter dessen Führung Ostfriesland seine größte Ausdehnung erreichte. Er war auch der letzte Herrscher aus dem Hause Cirksena. Angeblich starb er an einem Glas Buttermilch, das er nach einer Jagd getrunken haben soll. Welch ein Tod! Dabei soll Buttermilch doch so gesund sein!

Und da ist man dann auch schon bei den beliebtesten Fotomotiven des Ortes. Beim Hafenbecken liegt die Sielstraße. Hier fallen vor allem die Häuser Nr. 11 und Nr. 15 mit ihren nach niederländischen Vorbildern gestalteten Giebeln auf. Ebenfalls an der Sielstraße findet man Poppingas „Alte Bäckerei" aus dem 19. Jahrhundert, die mit ihrer unverändert erhaltenen Inneneinrichtung mittlerweile als Museum, Café und Galerie genutzt wird. Das bekannteste Wahrzeichen Greetsiels sind wohl die **Zwillingsmühlen**. Die Holländerwindmühlen stammen aus den Jahren 1856 (grüne Mühle) und 1706 (rote Mühle).

In der Nähe, jedoch bereits in der Gemarkung Pilsum, liegt der **Pilsumer Leuchtturm**. Populär wurde der Turm besonders durch den Film „Otto – der Außerfriesische" des Komikers Otto Waalkes. Im Film dient der Leuchtturm Otto als Wohnung. Des Weiteren kommt der Turm in der 2003 ausgestrahlten Episode „Sonne und Sturm" der Fernsehreihe Tatort mit Maria Furtwängler vor. Heute wird der Leuchtturm auch als Trauzimmer genutzt.

Selbst im Hochsommer bietet Ostfriesland reichlich Platz für die, die gerne mal alleine unterwegs sein möchten. Allein? Na ja, nicht so ganz. Neugierige Kühe bestaunen so manche Wanderer. Aber die Natur bietet jeden Tag ein neues Schauspiel: Bezaubernde Farben und der gigantische Himmel sind Balsam für die Seele.

Touristik-GmbH Krummhörn-Greetsiel
Zur Hauener Hooge 11
Burgstr. 5
26736 Krummhörn
Tel.: 04926/9188-0
www.greetsieel.de

Dank Otto Waalkes ist der Leuchtturm von Greetsiel weit über die Grenzen von Ostfriesland bekannt.

Landwirtschaft war und ist die Lebensader Ostfrieslands. Im Landwirtschaftsmuseum Krummhörn können Besucher die wechselvolle Geschichte von Ackerbau und Viehzucht hautnah erleben. Trecker, Pflüge, Eggen und altes landwirtschaftliches Gerät gehören genauso wie Spinnrad und Webstuhl zur Geschichte Ostfrieslands.

Ostfriesisches Landwirtschaftsmuseum Campen

Tannenweg 1
26736 Krummhörn
Tel.: 0 49 27/93 95 23
www.olmc.de

Gar nicht weit entfernt ist das **Landwirtschaftliche Museum** in Campen. Es knattert, hämmert und zischt, wenn am Wochenende das Museum zu leben beginnt. Es ist eine (technische) Zeitreise in die Epoche zwischen 1850 und 1950. Aus einem Forschungsprojekt entstand das Museum, für das über 500 Geräte zusammengetragen wurden. Und wo es um Technik geht, dürfen natürlich auch Trecker-Oldtimerfans nicht fehlen. Lanz-Bulldog, Schlüter, Hanomag – da leuchten die Augen, wenn sich die Stahlrösser in Bewegung setzen. Beeindruckend sind aber auch die anderen technischen Geräte. Da beginnt sich ein altes Sägewerk zu arbeiten, während in der Schmiede gehämmert und glühendes Eisen geformt wird. Die vier Gulfhäuser sind voller Leben: Frauen spinnen und weben, im Tante-Emma-Laden gibt es etwas für das leibliche Wohl und schnell wird dem Besucher klar, welch unglaublichen Wandel es in den letzten 100 Jahren in der Landwirtschaft gegeben hat – und der Trend hält an. Es waren die Landwirte, die als erste den Computer sys-

tematisch eingesetzt haben. Aber zurück in die Vergangenheit. Welch eine Mühsal war es, den Acker zu bestellen und mit dem Pferdegespann pflügen und eggen. Tagelang, wie es ein Landwirt formulierte, hinter zwei Pferdehintern herzulaufen – da war bald jede Romantik vergessen. Dabei wanderte immer wieder der Blick gen Himmel, denn das Wetter war Bedrohung und Segen in gleichem Maß. Der Schritt der Pferde gab die Zeit vor. Nichts ging schneller. Nur die Wolken waren nicht berechenbar. Würde es genug Sonne und Regen geben, damit die Saat aufging? Konnte man das Heu trocken einfahren? War die Getreideernte nach einem Starkregen noch zu retten? Alle auf dem Hof mussten mit anpacken – oft auch vergebens. Ostfriesland mit seinen unterschiedlichen Landschafts- und Bodenstrukturen ist dafür ein hervorragendes Beispiel. Selbst die reichen Marschbauern hatten bei zu viel Wasser von oben ihre liebe Not. Als Viehzüchter waren sie auf gute Heuernte für den Winter angewiesen. Für die Bauern der Geest waren Trockenzeiten der pure Horror. Auf dem sandigen Boden drohten dann Missernten. Und bei den Moorbauern reichte ein Hagelsturm, um ihre eh spärliche Buchweizenernte zunichtezumachen. Technik, das wird dem Besucher des Museums schnell deutlich, hat nicht nur das Leben auf dem Lande leichter, sondern auch unsere Ernährung sicher gemacht.

Es muss nicht immer Nordsee sein. Ruhe und Entspannung gibt es auch unweit von Emden. Tipp: Das Fahrrad nicht vergessen! Das **Große Meer** ist ein Niedermoorsee und liegt bei Emden im Südbrookmerland, am Rande der Geest. Der See ist mit einer freien Wasserfläche von etwa 289 Hektar der viertgrößte See in Nie-

dersachsen. Das Große Meer ist durchschnittlich nur 0,5 bis 1,0 Meter tief. Durch künstliche Entwässerung liegt das Große Meer etwa 1,5 Meter unter dem Meeresspiegel.

Der Südteil des Großen Meers wurde 1974 als Naturschutzgebiet ausgewiesen. Das wissen die Besucher zu schätzen. Ein breiter Schilfgürtel und Feuchtwiesen sind Heimat einer einzigartigen Natur. Ein Fernglas sollte zur Ausrüstung gehören. Wer es eher gemütlich haben möchte, der ist im Nordteil gut aufgehoben. Wassersport und ein breiter Strand laden ein, allerdings darf das Große Meer nicht mit Motorbooten befahren werden, wohl aber die umliegenden Kanäle, wobei

Eine Perle Ostfrieslands – Greetsiel. Gleich hinter dem Hafen beginnt der alte Ortskern mit jahrhundertealter friesischer Baukunst.

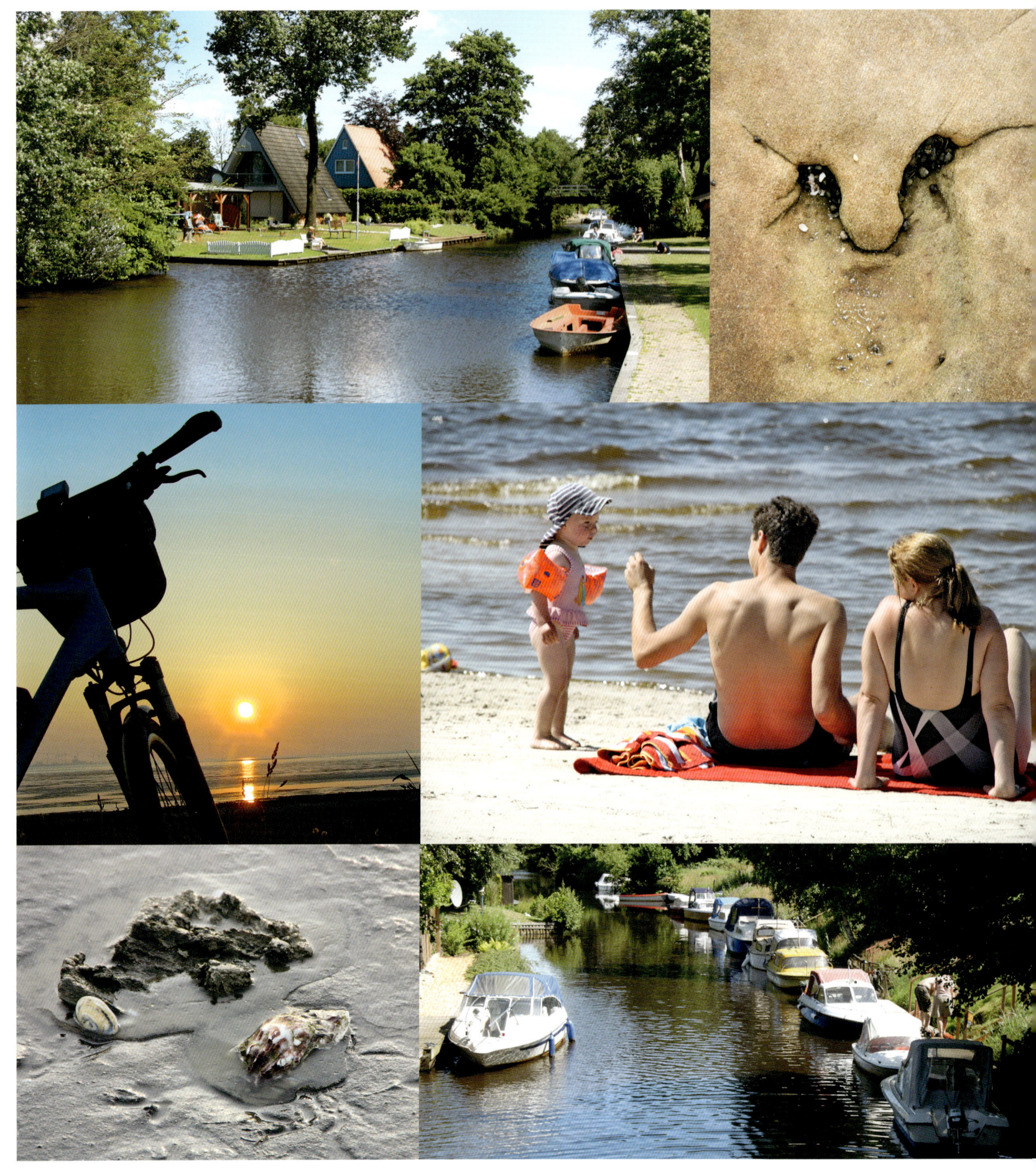

eine Geschwindigkeit von 5 km/h (Schritt-geschwindigkeit) zum Schutz von Uferbefestigungen, Ufervegetation und Gelegen nicht überschritten werden darf.

Im April 2008 wurde der neue 3-Meere-Weg eingeweiht. Ein Rundweg entlang der 3 Meere Großes Meer, Kleines Meer und Loppersumer Meer, der durch die Überfahrt mit sogenannten Pünten, das sind Seilzugfähren, die man selber betreiben muss, eine Attraktion ist. Es gibt zwei Strecken, eine von circa

15 km und eine von circa 30 km Länge. Mit seinem ausgedehnten Schilfgürtel und den angrenzenden Feuchtwiesen ist das Große Meer und sein Umfeld ein Brut- und Lebensraum von überregionaler Bedeutung. Uferschnepfe, Kiebitz, Sumpfohreule, Rohrweihe, Rohrdommel, Blaukehlchen und Rohrammer sind einige der Brutvogelarten, die hier leben. Offene Augen, ein gutes Fahrrad und etwas Geduld werden durch die reiche Natur gelohnt.

Es muss ja nicht immer Salzwasser sein. Das große Meer, östlich von Emden, ist ein beliebtest Naherholungsgebiet. Schwimmen, Boot fahren, wandern oder mit dem Rad unterwegs im Naturschutzgebiet – da gibt es jede Menge an Flora und Fauna zu beobachten.

Emden und die Seeräuber

Das ist so eine Geschichte: Wann ist einer ein **Seeräuber** und wann nicht? Die ehrbaren Geschäfte im 14. und 15. Jahrhundert waren alles andere als ehrbar. Es ging um Macht und viel Geld. Emden gehörte damals nicht zur Hanse und bot den Seeräubern Unterschlupf. Die Vitalienbrüder, zu denen wohl auch Klaus Störtebeker gehörte, waren teilweise mit Kaperbriefen verschiedener Herrscher ausgestattet. Damit erhielten ihre Fahrten teilweise eine Legitimation seitens der verschiedenen Herrscher. Bezeichnend für das Leben der Piraten ist die Geschichte des **Klaus Störtebeker**. Ob er überhaupt gelebt hat, wird heute von verschiedenen Wissenschaftlern angezweifelt. Trotzdem ist sie bezeichnend und vermittelt auch einen Einblick in die Geschichte der Nordsee. Bleiben wir bei der Legende. Klaus Störtebeker soll in Rothenburg/Wümme oder in Wismar geboren worden sein. Die Wismargeschichte behauptet, dass er schon früh als Rauf- und Saufbold in Erscheinung trat und der Stadt verwiesen wurde. An der ostfriesischen Küste soll er untergetaucht sein

und sich den Vitalienbrüdern angeschlossen haben. Seit 1396 hatte Störtebeker auch Unterstützung in „Marienhafe", wo er eine Tochter des friesischen Häuptlings Keno ten Broke geheiratet haben soll. In der Kirche

Freizeitskipper schätzen das quirlige Leben im Emdener Hafen. Und wer Lust hat, begibt sich auf die Spuren der wechselvollen Geschichte der Stadt.

Mein persönlicher Tipp

Es klingt wie ein Ostfriesenwitz, ist aber eine wahre Sensation: **Der schiefste Turm der Welt** steht nicht in Pisa, sondern im kleinen Örtchen **Suurhusen** in Ostfriesland, nahe Emden. Die Spitze des 27,37 m hohen Turmes neigt sich 2,47 m schräg über dem Fundament!

de Klaus Störtebeker vor Helgoland gestellt und nach erbittertem Kampf gefangen genommen. Die Sage behauptet, dass Störtebeker dem Senat nach dem Todesurteil für Leben und Freiheit eine goldene Kette anbot, die um die ganze Stadt reichen sollte – was der Senat aber zurückwies. Als man den legendären Goldschatz nicht finden konnte, wurde das Schiff an einen Schiffszimmermann verkauft. Als dieser die Säge ansetzte, um das Schiff zu zerlegen, traf er auf etwas Hartes: In den Masten verborgen war der Schatz, einer mit Gold, der andere mit Silber und der dritte mit Kupfer gefüllt. Klaus Störtebeker wurde am 21. Oktober 1401 zusammen mit 72 Gefährten enthauptet. Der Legende nach soll der Bürgermeister von Hamburg versprochen haben, allen Männern das Leben zu schenken, an denen Störtebeker

nach seiner Enthauptung vorbeiging. An elf Männern schritt der Geköpfte vorbei, bevor ihm der Henker ein Bein stellte. Nach dem Sturz des Piraten brach der Bürgermeister sein Versprechen und alle 73 Seeräuber wurden enthauptet. Die Köpfe der Seeräuber wurden längs der Elbe aufgespießt.

Aber nicht nur das Spiel der Mächtigen zeichnete das Bild der Stadt. Ein herber Rückschlag für den Emder Handel ereignete sich mit der **Zweiten Cosmas-und-Damian-Flut** 1509: Die Ems verlief bis zur Flut noch in einem geschwungenen Bogen an der Stadt vorbei. Jetzt suchte sie sich nach der Sturmflut einen geradlinigen Weg in den Dollart und weiter zur Nordsee: Der Emder Hafen drohte langsam, aber sicher zu verlanden. Viel Geld und Arbeit waren nötig, um den Hafen in Gang zu halten.

Reiche Kaufleute prägten einst das Gesicht der Stadt Emden. Der Wohlstand war schon an den Fassaden zu erkennen. Unverkennbar auch in der Architektur der niederländische Einfluss. Das Hafentor ist dafür ein gutes Beispiel. Im Giebel befindet sich auch das Emder Wappen, das „Engelke up de Muer".

Tourist-Information Emden
Alter Markt 2A/Bahnhofsplatz 11
26721 Emden
Tel.: 04921/97400
www.emden-touristik.de

Ein Mekka für Freunde der modernen Kunst – die Kunsthalle Emden mit der beeindruckenden Sammlung, die einst Henri Nannen und seine Frau Eske der Stadt vermachten.

Kunsthalle Emden

Stiftung Henri und Eske Nannen
Hinter dem Rahmen 13
26721 Emden
Tel.: 04921/975050
www.kunsthalle-emden.de

Emden entwickelte sich in den folgenden Jahrzehnten zu einer blühenden Stadt. Dies war zum einen der Tätigkeit der Emder Kaufleute und Reeder zu verdanken. In der zweiten Hälfte des 16. Jahrhunderts kam aber vor allem eine politischen Entwicklung hinzu: der Unabhängigkeitskampf der Niederländer gegen die Spanier. Von den Spaniern vertriebene und verfolgte Niederländer siedelten sich in der nächstgelegenen neutralen Hafenstadt an – und das war Emden. Die Reeder, Handwerker und Seeleute hatten internationale Kontakte, die sie auch weiterhin nutzten und Emden so zu Wohlstand verhalfen, das Hafen- und Handelsstadt blieb.

Kunst und Komik sind noch hinzugekommen. Und dafür stehen drei große Namen: Henri Nannen, Otto Waalkes und Karl Dall. Der Herausgeber und Chefredakteur des „Stern", **Henri Nannen**, wurde 1913 in Emden geboren. Nach einer Buchhändlerlehre studierte er in München Kunstgeschichte. Neben seiner Arbeit als Journalist und Herausgeber des „Stern" blieb er den schönen Künsten zeitlebens verbunden. Sein Leben lang sammelte er auch Kunst und ging dabei seinen ureigenen Betrachtungen nach. „Ich habe immer nur gesammelt, was Lust in mir erweckt hat – oder, was mich bis unter die Haut schmerzte, was mich freute, aber auch wü-

Mein persönlicher Tipp

Ein absolutes Highlight ist die **Kunsthalle Emden**. Zu sehen ist die Sammlung von Stern-Herausgeber Henri Nannen. Er hat sie seiner Heimatstadt Emden geschenkt und seine Frau Eske Nannen hat die „Malschule" gleich nebenan gegründet. Ein wunderbarer Ort für Kreativität und Freigeist.

Ein Museum zum Lachen – das Otto-Huus. Mitten in der Innenstadt ist dem Komiker ein ganzes Haus gewidmet. Sketche, TV-Auftritte und seine Filme gehören mit zum Programm. Frohsinn erwünscht.

Dat Otto Huus
Große Str. 1
26721 Emden
Tel.: 04921/2 21 21
www.ottifant.de

tend machte. Wie könnte Lust entstehen ohne den Rausch der Farben, wie könnte etwas Gefühls- und Denkanstöße vermitteln, was nicht auch ,anstößig' ist?"

Die Kunsthalle in Emden wurde 1986 durch das Mäzenatentum von Henri Nannen und seiner Ehefrau Eske ins Leben gerufen. Das Ehepaar Nannen gab nicht nur die Sammlung mit dem Schwerpunkt in der Klassischen Moderne in die Stiftung, sondern wendete auch sein gesamtes persönliches Vermögen auf, um die Kunsthalle in Emden zu bauen. Gut zehn Jahre später gab dann die hochkarätige Kunstschenkung des Münchner Galeristen Otto van de Loo den Anstoß zum Ausbau der Kunsthalle. Sie erweiterte kongenial die Sammlung des Hauses in die Zeit nach 1945. Gut 120 000 Besucher zählt die Kunsthalle jährlich. Die dort stattfindenden Ausstellungen haben internationalen Ruf.

Einen besseren Botschafter Ostfrieslands als **Otto Waalkes** kann man sich kaum vorstellen. Das Multitalent wurde 1948 im Stadtteil Transvaal geboren. Das erste Mal trat er im Alter von elf Jahren öffentlich auf, als er in einem Emder Kaufhaus u. a. den „Babysitter-Boogie" vortrug und dafür mit einem Gutschein über 30 Mark und dem Buch „Meuterei auf der Bounty" belohnt wurde. Nach dem Abitur studierte er in Hamburg Kunstpädagogik. Als Lehrer war er jedoch nie tätig, was sicherlich viele Schüler bis heute bedauern. Ottifanten als Leistungsfach – das wäre was!

Seinen ersten Auftritt auf einer Bühne absolvierte er im Hamburger Folkloreklub Danny's Pan, wo man für fünf Mark zehn Minuten lang sein Können zeigen konnte. In Hamburg wohnte er in der Wohngemeinschaft „Villa Kunterbunt" mit vierzehn Mitbewohnern, unter ihnen Udo Lindenberg und Marius Müller-Westernhagen.

Wie viel Energie ist nötig, um eine Glühlampe zu erleuchten? Welche Vorteile haben alte Obstsorten? Auf diese und viele andere Fragen finden die Besucher im Ökowerk in Emden oft einfache wie erstaunliche Antworten. Und wenn im Garten mit einem Sonnenkollektor Würsten gebrutzelt werden, wundert das niemanden mehr.

Zur Finanzierung seines Studiums trat Otto Waalkes mit der Gitarre weiter in kleinen Clubs in Hamburg auf. Er erzählte zu seinen Liedern ein paar Witze und wenn er mal ganz nervös das Mikrofon fallen ließ, dann entschuldigte er sich dafür. Irgendwann kamen die Entschuldigungen besser an als seine Musik und so entwickelte sich langsam seine Bühnenshow. Die Clubs wurden immer größer – bis er schließlich auch die Westfalenhalle füllte. Später stieg Otto dann auch noch ins Filmgeschäft ein. Wieder eine Erfolgsstory.

Am 1. August 1987 eröffnete er in seiner Heimatstadt Emden „Dat Otto Huus" in einer ehemaligen umgebauten alten Apotheke in der Nähe des Rathauses am Delft. Im ersten und zweiten Stockwerk befindet sich ein Museum, in welchem Erinnerungsstücke aus der Anfangszeit seiner Karriere ausgestellt sind. Hier sind unter anderem Ottos erste Bartstoppeln, ein Otto-Foto aus Konfirmandentagen sowie sein erstes Kaugummi zu bewundern. Im Erdgeschoss werden Fanartikel verkauft wie zum Beispiel die berühmten Ottifanten als Plüschtiere.

Karl Dall begann seine Karriere bei „Insterburg und Co.". Die Blödelbarden waren in den 60er-Jahren Kult. Als Sohn eines Schulrektors und einer Lehrerin wurde er 1941 in Emden geboren und machte eine Schriftsetzerlehre. Gut, dass er rechtzeitig den Job aufgab. Wer braucht heute noch einen Schriftsetzer, aber Karl Dall als Universal-Komiker wird auch noch mit seinen über 70 Jahren gebraucht. Es gibt kaum einen deutschen Fernsehsender, für den Karl Dall nicht gearbeitet hat. Dabei ließ er auch Provokationen nicht aus. „Was macht Ihr Frisör im Hauptberuf?", fragte er einen Star. Das schafft Irritationen. Beim Publikum kam das gut an. Wortgewandt, witzig und spontan, das sind die Markenzeichen von Karl Dall.

Der Dollart hinter dem Ökowerk

Ökowerk Emden e.V.
Kaierweg 40a
26725 Emden
Tel.: 04921 954023
www.oekowerk-emden.de

Es begann 1989. Einige Umweltschützer hatten sich zusammengetan und pflanzten auf dem Gelände eines seit Jahren leer stehenden Klärwerks gelbe Himbeeren, rote Kartoffeln, Knoblauch und Borretsch. Rosen und Ringelblumen sowie Ostgehölz kamen hinzu. Der Garten war als Spielwiese für „grüne Daumen" gedacht. Die Arbeit trug – im wahrsten Sinne des Wortes – Früchte. Auf dem etwa ein Hektar großen Gelände entstanden die ersten Biotope und aus den bescheidenen, aber fantasievollen Anfängen wurde schnell ein dynamischer Prozess. Das alte Klärwerk holte sich die Natur zurück. Rankpflanzen eroberten das Mauerwerk. Was da im Ortsteil Borssum geschieht, interessiert immer mehr Emder Bürger. Ein Förderverein entsteht, die Stadt gibt Geld und das Land Niedersachsen erklärt das **Ökowerk** zum Umweltbildungszentrum. Da macht die Arbeit doch richtig Spaß. Immer mehr Ideen entstehen. Wie macht man Besuchern „Energie" klar? Mit einem Fahrrad: Per Pedale und Dynamo wird ein Lämpchen zum Erleuchten gebracht. Kein Problem. Um eine CD nebst der darauf befindlichen Musik zu hören, wird es schon etwas anstrengend. Um Wasser zum Kochen zu bringen, braucht es schon fast einen Pro-

Säulenapfel
Blue Moon

firennfahrer. Das scheinbar Alltägliche, über das wir kaum nachdenken, kann im Ökowerk schnell zu Muskelkater führen. Weniger anstrengend geht es im Obstgarten zu. 1000 verschiedene Obstbaumsorten wurden gepflanzt – und alle aus dem hohen Norden. Geradezu paradiesisch ist die Geschmacksvielfalt. Gar nicht weit entfernt machen Kinder aus Schlick kleine Kunstwerke. Das Ökowerk schafft es, den Menschen die Natur so nahe zu bringen, dass sie wirklich begreifbar wird.

Wann genau der **Dollart** entstand, ist unter Wissenschaftlern immer noch umstritten. Es scheint jedoch sicher, dass es im 14. und 15. Jahrhundert zu Zeiten der großen Sturmfluten war. Über 20 Kirchspiele, Klöster und Ortschaften gingen unter, als die Wassermassen der Nordsee sich tosend ins Landesinnere schoben. An der Emsmündung stand das Dorf Torum. Es wurde auch Opfer der Flut. Dazu hat der Autor Bernd Rieken folgende Geschichte in seinem Buch „Nordsee ist Mordsee" beschrieben.

Ude Reintsema (1894–1971), Schmiedemeister aus Gandersum, hörte von seinem Großvater, dem Emsfischer Udo Boelen Buisker (1834–1923) dazu die folgende Geschichte: „Hier auf dem Dollart, da auf dem weiten Watt, hat mein Großvater sein ganzes Leben zugebracht. Hier fischte er, und hier waren auch die besten Stellen für Butt, Aal und Granat (Krabben). Da, wo der große Priel ist, fing er mal auf dem Ankerblatt einen goldenen Löffel … Er zeigte Oma den Löffel, und im Lehnstuhl fing er später an zu erzählen: Das ist ein Stück aus Torum, der Goldschmiedestadt. Die hatten sieben Goldschmieden. Dort standen zwei Kirchen und drei Türme. Die Leute dort waren reich. Die hatten goldene

Mulden (Tragkörbe), in denen sie den Torf zum Herdfeuer brachten. Das war ein ganz verdrehtes Volk. Sie taten nichts, als sich zu amüsieren und Spektakel zu machen. Niemand wollte mehr in die Kirche kommen. Die Pastoren waren zuletzt weggelaufen. Es war ein ganz böses Volk, schlimmer als in Sodom und Gomorrha, erzählte der Alte."

So wird noch heute erzählt, dass Seeleute, die über den Dollart fahren, Häuser, Türme und Mauern sehen. Manche wollen sogar die Stimmen der einstigen Bewohner gehört haben. Und tatsächlich, es werden immer noch Reste der alten Siedlungen gefunden. Ab dem 16. Jahrhundert begann man das Wasser zurückzudrängen. Deiche wurden gebaut. Bis dahin hatte der Ort Bunde sogar einen Hafen. Heute umgeben Polder den Dollart. Durch den Deichbau konnte Land gewonnen werden, das Polder, Koog oder auch Groden genannt wird. In der Regel liegt es auf oder

Heike auf der „Heike". Mit dem Holzschiff geht es hinaus auf den Dollart.

Plattbodenschiffe werden noch heute am Dollart gebaut. Sie eignen sich hervorragend für das Wattenmeer. Aber nicht nur dort. Über die vielen Flüsse und Kanäle wurden früher die Waren ins Hinterland und zurück transportiert.

Die Sielbrücke in Ditzum führt geradewegs zum wunderschönen alten Ortskern.

Touristinformation Ditzum

Pfefferstr. 22
26844 Jemgum
Tel.: 04902/912000

Etwas im Hinterland finden Wanderer und Radfahrer oft sogenannte „Melkhus" oder „Melkhuske" oder „Melkhuus". Allen gemein sind die leckeren Milchspezialitäten.

etwas über N. N. und das Wasser muss abgepumpt werden.

Eine Perle des Dollarts ist **Ditzum**. Das Dorf in der nordwestlichsten Ecke des Rheiderlands ist auch als „Endje van de Welt" bekannt. Sein Sielhafen mit jahrhundertealter Kontinuität und einem der letzten funktionierenden Siele ist einzigartig in Ostfriesland. Ditzum war eine Warfsiedlung mit Windmühle, romanischer Kirche und Kirchturm in Form eines Leuchtturms (1846) sowie Hafen und der Binnenentwässerung durch das Sieltief. Die historische Struktur wie auch die „Hühnerbrücke" sind bis heute erhalten. Die Emsfähre, die von Ditzum nach Emden fährt, ist die letzte verbliebene Emsfähre auf ostfriesischem Boden. Ditzum gehört zum **Rheider-**

land. Manche Einheimische behaupten, dass Ostfriesland flach sei, aber das Rheiderland sei noch viel flacher, an manchen Stellen sogar so flach, dass es gut 3 Meter unter dem Meeresspiegel liegt. Der tiefste Punkt Deutschlands? Da streiten sich die Geister. Gleich drei Gemeinden (eine im Krummhörn-Greetsiel und Neuendorf-Sachsenbande in Schleswig-Holstein) streiten sich um ihre Tiefpunkte. Von der Fläche her betrachtet scheint aber das Rheiderland vorne zu liegen. Und weil das Rheiderland so schön flach ist, zieht es Radfahrer geradezu magisch an. Wer aber einige Stunden durch den Norden geradelt ist, bekommt Durst. Da kam eine Landfrau auf eine Idee, die heute vielen niedersächsischen Landwirten ein zusätzliches kleines Einkommen beschert. **Melkhuske** heißt die Erfolgsgeschichte. 2001 entwickelte die inzwischen verstorbenen Landwirtin Friedel Schumacher aus dem Rheiderland gemeinsam mit ihrer Tochter Frauke das Konzept. In den Holzhäusern gibt es frische Milch, Quarkspeisen und Milchmixgetränke – eine wohltuende Erfrischung. Gezahlt wird meistens in die „Kasse des Vertrauens". Viele Betriebe bieten den Besuchern auch einen Hofrundgang an. Wie werden die Tiere gehalten? Was bekommen sie zu fressen und wie und wo wird die Milch verarbeitet. Ein Stopp, der nicht nur den Durst löscht, sondern auch Wissen schafft. Viele andere Gemeinden im Norden haben das Konzept mittlerweile übernommen und heute existieren über 70 dieser kleinen Hütten.

Volkssport Boßeln

Herbst und Winter sind in Ostfriesland Boßelzeiten. Der Volkssport hat eine lange Tradition. Begonnen hat es damit, so wird behauptet, dass die Friesen Lehmkugeln als Wurfgeschosse nutzten, um Römer zu vertreiben. Später wurden die Kugeln aus Holz und heute aus Metall hergestellt.

Da waren die Friesen richtig sauer! Hatten sie doch gute Handelsbeziehungen mit den Römern, lieferten unter anderem Rinderhäute ins Römische Reich. Und was machen die Römer? Sie senden Truppen in den hohen Norden, weil sie sich wegen der Häute betrogen fühlten. Damals durchstreiften noch Auerochsen in großer Zahl das Land und viele Häute stammten zu Beginn des Handels von diesen enorm großen Tieren. Die Friesen waren aber schon gute Viehzüchter und schickten von ihren Tieren das Leder in den Süden. Die Römer waren über die wesentlich kleineren Felle erbost, fühlten sich betrogen und wollten die Friesen bestrafen. Als sie ins Friesische einfielen, so berichtet der römische Historiker Tacitus, bewarfen die Friesen die römischen Truppen äußerst gezielt mit getrockneten **Kleiekugeln**. Aus dieser ungewöhnlichen

Form der Selbstverteidigung soll der Legende nach das Boßeln entstanden sein. Wann es genau zum Sport wurde, liegt noch im Dunkel der Geschichte. In manchen Regionen wird es auch **Klootschießen** genannt. Ursprünglich war das Klootschießen oder Boßeln ein Kräftemessen zwischen zwei Mannschaften, oft die männlichen Bewohner von rivalisierenden Nachbardörfern. Neben dem sportlichen Wettkampf gab es immer wieder Schlägereien. Deswegen wurde das Klootschießen von

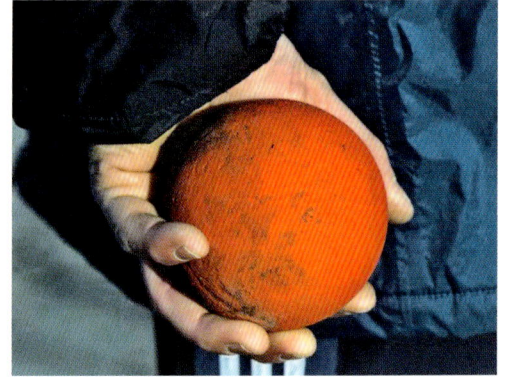

der Obrigkeit häufig verboten. Erst Ende des 19. Jahrhunderts kamen Spielregeln auf und das Boßeln wurde zum Sport. Prügeleien soll es aber trotzdem noch gegeben haben, was, weil meist in der Winterzeit gespielt wird, mit dem Konsum von wärmendem Alkohol zu tun hat. Die starke Bindung des Sports an das Dorfleben drückt sich noch heute darin aus, dass in den klassischen Klootschießergebieten fast jedes kleine Dorf einen eigenen Klootschießer- oder Boßelverein hat, in denen große Teile der Einwohnerschaft Mitglieder sind. Zum Klootschießen wird eine kleine, mit Blei gefüllte Kugel aus Hartholz oder Kunststoff verwendet. Es wird auf Weiden und Äckern gespielt. Die Kugeln unterscheiden sich sowohl regional als auch abhängig von der Disziplin und der Altersklasse in Größe und Gewicht. Der ostfriesisch-oldenburgische Holzkloot hat einen Durchmesser von 58 Millimetern und wiegt 475 Gramm. Das **Straßenboßeln** entwickelte sich in Deutschland nach ersten Anfängen im 17. Jahrhundert vor

allem im Zuge der Ausbreitung des Sports vom Ende des 19., Anfang des 20. Jahrhunderts aus dem Klootschießen. Es nahm an Beliebtheit schnell zu, als immer mehr Straßen befestigt wurden und weil es einfacher zu spielen war als das Klootschießen mit seiner technisch anspruchsvollen Wurftechnik.

Viel größer als beim Klootschießen sind die regionalen Unterschiede bei den verwendeten Kugeln im Straßenboßeln. In Ostfriesland und im Oldenburger Land wird mit Gummi- und Kunststoffkugeln geworfen, die zwischen 8,5 und zwölf Zentimeter durchmessen. Die Kunststoffkugel heißt dort auch „Holz", weil sie im Wettbewerb den früher üblichen Pockholter, eine Boßel aus dem harten Holz des Guajak-Baumes, abgelöst hat.

Früher wurde hauptsächlich im Winter geboßelt, weil die Dorfbevölkerung nur dann Zeit hatte. Heute versuchen sich auch viele Urlauber beim Boßeln. Mit dem Bollerwagen geht es hinaus. Und im Winter gehört anschließend ein deftiges Grünkohlessen dazu.

Die friesische Palme – Grünkohl

Ostfriesland ist nicht sonderlich waldreich, auch steht es nicht im Verdacht, Tropisches zu haben. Deshalb erscheint es manchen Besuchern seltsam, wenn von ostfriesischen Palmen die Rede ist. Dass diese lokalen Spezialitäten noch zu haben sind, ist einem bodenständigen Ostfriesen zu verdanken. Kaum hatte **Reinhard Lühring** sein Agrarstudium in Witzenhausen beendet, kehrte er in seine Heimat nach Ostfriesland zurück. Während seines Studiums hatte er nicht nur erfahren, dass es immer weniger alte Nutztierrassen

gibt, sondern dass das Gleiche für Gemüse und Obstsorten gilt. Da erinnerte sich Reinhard Lühring, dass er in seiner Kindheit oft riesige **Grünkohlpflanzen** in Nachbars Gärten gesehen hatte. Ostfriesische Palmen, erinnerte er sich, wurden diese bis zu 2 Meter hohen Gemüsepflanzen genannt. Mit dem Fahrrad begab er sich auf die Suche, schnackte mit meist älteren Bauern und Bäuerinnen über den Gartenzaun oder bei einer Tasse Tee. Dabei erfuhr er, dass es in fast jedem Dorf eigene Sorten gab. Reinhard Lühring begann

Friesische Palme

Reinhard Lühring
Schatteburger Str. 25
26817 Rhauderfehn
Tel.: 04952/828401

Gut zwei Meter werden die „friesischen Palmen" groß. Früher wurde in fast jedem Dorf Ostfrieslands dieser hochstämmige Grünkohl angebaut.

Sorten der Ostfriesischen Palme. Wenn der erste Frost kommt, beginnt die Ernte. Reinhard Lühring empfiehlt, den Grünkohl nur zu dünsten und auf keinen Fall zu verkochen, wie es einst üblich war. Gedünstet bleiben die reichen Vitamine und der Geschmack erhalten. Traditionell gibt es dazu Pinkel, eine Grützwurst, die mit Speck, Grütze aus Hafer oder Gerste, Rindertalg, Schweineschmalz, Zwiebeln, Salz, Pfeffer und anderen Gewürzen – je nach Schlachtermeister – hergestellt wird. Kassler und Schweinebacke runden das Essen ab.

Unter den vielen Sorten in Reinhard Lührings Garten finden sich auch welche, die bräunlich-violette Blätter tragen. Der sogenannte Braunkohl hat schon in der Vergangenheit zu vielen Irritationen geführt. So behaupten einige, dass der Name daher komme, weil sich nach mehrfachem Aufwärmen der Kohl braun verfärbe, einige Braunschweiger sind aber der Ansicht, dass der Kohl nach der Stadt benannt wurde. Richtig Tollkühne behaupten sogar, der Name käme von der Braunkohle. Fakt ist, dass es Grünkohlsorten gibt, die eben braune Blätter haben.

Saatgut zu sammeln und pflanzte es in seinem Garten an. Die friesischen Palmen, erfuhr er auch, wurden komplett genutzt. Die Menschen aßen die Blätter und auch das Innere des Stiels – der Geschmack erinnerte übrigens an Artischocke –, während den Strunk die Tiere bekamen oder er als Einstreu diente. Mit der Zeit sammelte er über 20 unterschiedliche

Leer – wo Leda und Ems sich treffen

Ostfriesland Tourismus GmbH

Ledastr. 10
26789 Leer (Ostfriesland)
Tel.: 0491/9196 9670
www.touristik-leer.de

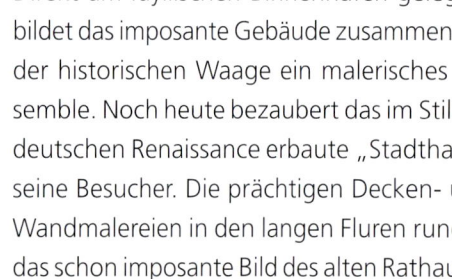

Weithin sichtbar ist der hohe Rathausturm. Direkt am idyllischen Binnenhafen gelegen, bildet das imposante Gebäude zusammen mit der historischen Waage ein malerisches Ensemble. Noch heute bezaubert das im Stil der deutschen Renaissance erbaute „Stadthaus" seine Besucher. Die prächtigen Decken- und Wandmalereien in den langen Fluren runden das schon imposante Bild des alten Rathauses

im Inneren ab. Professor Henrici aus Aachen entwarf das Gebäude, das 1894 eingeweiht wurde. Im Binnenhafen liegen viele alte Schiffe. Leer gehört heute zu den Städten mit den meisten Reedereien. Der Wohlstand zeigt sich auch in der bezaubernden Altstadt. Viele Kaufmanns- und Bürgerhäuser sind erhalten, daher lohnt eine Stadtführung der besonderen Art.

Keine andere Stadt in Norddeutschland hat so viele Reeder wie Leer. Die vielseitige Geschichte der Seefahrt ist im historischen Hafen zu bewundern. Die Altstadt hat sich in den letzten Jahren herausgeputzt und lädt zum Bummeln und Shoppen ein. Gleich am Stadtrand beginnen die Fahrradwege entlang der Ems und der Leda.

Mein persönlicher Tipp

Zu einem Urlaub an der Nordsee gehört unbedingt eine Wattwanderung. Wie schmeckt Queller, was ist eine Seekuh und wie viele Pobacken hat ein Wattwurm? Die Wattführer an vielen Orten entlang der Nordseeküste erzählen ihren Gästen unterhaltsam jede Menge Wissenswertes über diesen einzigartigen Lebensraum. Und nach so einer Wattführung ist eines klar: Langweilig oder tot ist diese karge Fläche, die alle sechs Stunden vom Nordseewasser überflutet wird, auf keinen Fall.

Ein **Mord** muss aufgeklärt werden. Gut, die Geschichte, die vor 100 Jahren spielt, ist frei erfunden, dafür stimmen aber alle Orte und das historische Umfeld. Die **Witwe Gesche Meinders** will den Tod ihres Mannes, der zwei Tage zuvor ermordet wurde, aufklären. Da braucht sie Hilfe, und die kann von den Besuchern kommen. Hat der Mord etwas mit dem Hafenbau zu tun? Oder steckt der Mörder gar im Rathaus? Auch so mancher Heringsfischer ist verdächtig. Aufgeklärt wird der Fall im Lokal „Taraxacum", das einen mörderischen Hintergrund besitzt. Was 2011 als großes Wagnis mit ungewissem Ausgang begann, hat sich inzwischen fest in der Kulturszene etabliert – in Leer, in Ostfriesland und darüber hinaus. Das **„Tatort Taraxacum"** hat sich als literarisch-musikalisch-kulinarische Event-Stätte einen Namen gemacht. Begonnen hatte alles mit einem Verlag. Heike Gerdes spürte Krimiautoren entlang der Nordseeküste auf und verlegte ihre Bücher. Mittlerweile gehören die Krimitage im Tara-

xacum zur festen Adresse der Krimifreunde im hohen Norden

Gar nicht mörderisch, aber nicht weniger spannend ist es im **Büntinghaus**. Vor gut 200 Jahren zog der Bauernsohn Johann Bünting aus dem Oldenburgischen nach Leer, um dort Kaufmann zu werden. Er pachtete einen

Tatort Taraxacum
Rathausstr. 23
26789 Leer (Ostfriesland)
Tel.: 0491/97 67 17 03
www.taraxacum.tatort-taraxacum.de

Lecker essen und trinken und dabei eine Gänsehaut bekommen. Im Taraxacum wird literarisch gemordet.

Ein Denkmal für den Tee – wo sonst, wenn nicht in Leer?

Bünting Teemuseum

Brunnenstr. 33
26789 Leer (Ostfriesland)
Tel.: 0491/99 22 00 40
www.buenting-teemuseum.de

Mit einem kleinen Kolonialwarenladen fing es an. Heute ist die Bünting-Gruppe einer der größten Teehändler.

Schloss Evenburg wurde im neugotischen Stil restauriert. Es gehörte über Jahrhunderte der Familie von Wedel. Heute ist es im Besitz des Landkreises. Eine prachtvolle Doppelallee führt von Leer zum Schloss.

Laden in der Brunnenstraße 37 und handelte mit Kolonialwaren und insbesondere Tee. Ab 1816 führte er den Laden gemeinsam mit seinem Schwager Weert Klopp. Damit begann eine Erfolgsgeschichte, die bis heute anhält und immer mit dem Tee verbunden war.

2001 wurde das **Bünting Teemuseum** gegründet. Die historische und gesellschaftliche Bedeutung der ostfriesischen Teekultur sollten ein erlebbares Zuhause bekommen. Dafür gab es nur eine Adresse: die Brunnenstraße 37 mitten in der Altstadt. In der Nähe, wo heute Exponate der Teegeschichte gezeigt werden, befand sich vor mehr als 200 Jahren

der Verkaufsraum des Büntingschen Kolonialwarenladens. In Säcken und Kisten standen Rohzucker, Schokolade und andere beliebte Waren für die Kunden bereit. Dabei war das Geschäft mehr als ein bloßer Verkaufsort: Hier traf sich die Nachbarschaft und tauschte Neuigkeiten aus. Wie damals üblich, war auch das Hinterzimmer ein wichtiger Ort. Neben dem wichtigen Klönschnack wurden hier auch die Waren vorbereitet. Natürlich können hier die Besucher in gemütlicher Atmosphäre eine original ostfriesische Teezeremonie genießen.

Eine lange Doppelallee führt aus der Stadt Leer zur **Evenburg**. Die ersten Gebäude wurden von Oberst Erhard Reichsfreiherr von Ehrentreuter von Hofrieth in den 1630er-Jahren errichtet. Die Lehnsrechte hatte Oberst von Ehrentreuter von Graf Ulrich II. von Ostfriesland als Gegenleistung für beträchtliche Spielschulden erhalten.

Marie von Ehrentreuter, die jüngste Tochter des Erbauers, heiratete Gustav Wilhelm Freiherr **von Wedel**. Das Schloss blieb im Besitz der Familie von Wedel bis 1975, als es vom Landkreis Leer erworben wurde. In den Jahren 1861/62 wurde das damals reparaturbedürftige Bauwerk, das zu den frühesten Zeugnissen klassizistischer Baukunst im niederländischen Stil gehörte, weitgehend abgerissen. Nur im Mitteltrakt wurden die Grundmauern und das Gewölbe des älteren Querhauses in das neue Wohnschloss einbezogen. Das heutige Gebäude wurde im neugotischen Stil nach Plänen des Architekten Richard Stüve aus Hannover errichtet. Der weitläufige Landschaftspark im Stil eines englischen Landschaftsgartens ist alleine schon einen Besuch wert. Heute finden im Schloss Konzerte und Ausstellungen statt.

Schloss Evenburg
Am Schlosspark 25
26789 Leer
Tel.: 04 91/99 75 60 00
www.schloss-evenburg.de

Ostfriesische Inseln

Nordsee

Ostfriesische Inseln

Wangerooge
Wangerooge
Spiekeroog
Spiekeroog
Langeoog
Langeoog
Baltrum
Baltrum
Norderney
Norderney
Juist
Juist
Kachelotplate
Memmert
Borkum
Borkum
Harlesiel
Minsener Oog
Mellum

Norden   **Wittmund**

Wattenmeer
UNESCO-
Weltnaturerbe
Leybucht
Naturschutzgebiet
Leyhörn

Wie eine wildromantisch gestaltete Kette ziehen sich die Ostfriesischen Inseln entlang der Küste dahin. Vom Festland gut
zu sehen, sind sie doch eine andere und ganz eigene Welt. Die
Insulaner haben in den vergangenen Jahrhunderten immer ihr
eigenes Ding gemacht. Das Leben auf einem „Sandhaufen"
mitten in der Nordsee verlangte den Menschen schon einiges ab.
Sand steht nicht gerade im Verdacht, besonders fruchtbar zu sein,
der Wind ließ so manchen Baum extrem schief wachsen und dann
wanderten die Inseln auch noch kontinuierlich gen Osten. Aber
all dieses Ungemach – auch die Sturmfluten – hatten in der
Konsequenz etwas Positives: Die Menschen auf den Inseln waren
frei. Sie betrieben bescheidene Landwirtschaft und fuhren zur
See. Als Walfänger heuerten sie oft an. Das brachte einen gewissen Wohlstand. Richtig gut ging es den Insulanern aber erst, als
die Inseln vom Tourismus entdeckt wurden. Seebäder entstanden
bereits im 18 Jahrhundert. Jede Insel hat ihren eigenen Charakter und Charme behalten. Garantiert für jeden etwas – was will
man mehr!

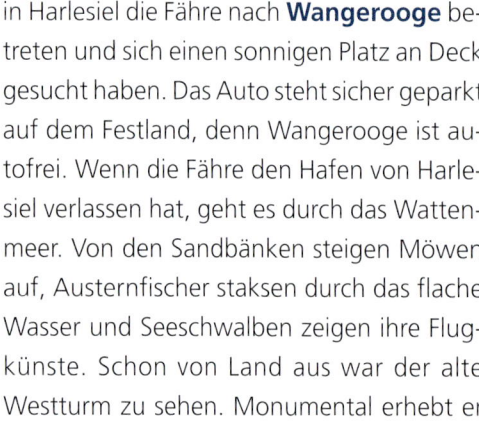

Wangerooge *ist oldenburgisch*

Mal ehrlich – wen interessiert bei einem solchen Sonnenuntergang, dass Wangerooge oldenburgisch ist?

Verkehrsverein Wangerooge

Bahnhofstr. 6
26486 Wangerooge
Tel.: 04469/94880
www.wangerooge.de

Der Urlaub beginnt für die meisten, wenn sie in Harlesiel die Fähre nach **Wangerooge** betreten und sich einen sonnigen Platz an Deck gesucht haben. Das Auto steht sicher geparkt auf dem Festland, denn Wangerooge ist autofrei. Wenn die Fähre den Hafen von Harlesiel verlassen hat, geht es durch das Wattenmeer. Von den Sandbänken steigen Möwen auf, Austernfischer staksen durch das flache Wasser und Seeschwalben zeigen ihre Flugkünste. Schon von Land aus war der alte Westturm zu sehen. Monumental erhebt er sich an der Westseite der Insel. Sein Vorgän-

ger stand gar nicht weit entfernt und wurde 1914 gesprengt. Begonnen wurde der Bau 1597 und sollte als Seezeichen für die Schifffahrt auf der Weser und der Nordsee dienen. Da fragt sich nun der Beobachter, was macht ein Signalturm auf der Westseite, wo doch die Weser auf der Ostseite in die Nordsee fließt. Tatsächlich wurde der Turm einst an der Ostseite gebaut, nur – Wangerooge wandert oder, besser gesagt, wanderte. Was der Sturm im Westen wegspülte, wurde im Osten wieder angeschwemmt. Erst der Küstenschutz brachte die Insel zum Stillstand. In den

1930er-Jahren wurde der Turm nach altem Vorbild wieder aufgebaut und dient heute als Jugendherberge. Unweit des Turms ist der Hafen, wo auch die Fähre anlegt.

Dort wartet bereits die **Schmalspurbahn**, die die Gäste in den Ort bringt. Auf der Südseite das Wattenmeer und im Norden die Dünen. Mit 30 km/h geht es 20 Minuten lang durch die inseltypische Landschaft. Hasen und Kaninchen hoppeln durch den Sand und suchen nach Fressbarem, brütende Seevögel sehen eher gelangweilt dem Zug nach und Sträucher, Büsche und Bäume haben im Sand den Überlebenskampf gewonnen. Die Ostfriesischen Inseln waren einst Sandbänke, die langsam zu **Dünenlandschaften** wuchsen. Die Bahnstrecke wurde bereits 1897 eingeweiht und spätestens wenn der Zug den Bahnhof erreicht, hat auch der letzte Hektiker die Lebensmelodie der Insel begriffen.

„Gott schuf die Zeit, von Eile hat er nichts gesagt", lautet der Wangerooger Wahlspruch. Vom Bahnhof geht es dann zu Fuß oder mit dem Rad zu den Unterkünften. Unweit des Bahnhofs ist das nächste Wahrzeichen der Insel: der **Alte Leuchtturm**. Leuchtend rot mit weißer Turmspitze ragt er über das Ortszentrum von Wangerooge. Im Jahr 1856 wurde seine Erbauung abgeschlossen. Bis 1969 war er aktiv – anfangs wurde er mit Petroleum befeuert, später leuchtete er dann durch Elektrizität. Der Grund, warum der Alte Leuchtturm heute nicht mehr in Betrieb ist, ist die Fertigstellung des Neuen Leuchtturms im Jahr 1969. Durch dessen Höhe und einen günstigeren Standort im Westen der Insel kann dieser vom Schiffsverkehr besser gesehen werden.

Vor allem bei Familien sind die Ostfriesischen Inseln beliebt. Ein Spielparadies für Kinder und gesunde Luft lassen auch die Kinderherzen höherschlagen.

Einen herrlichen Rundblick über die Insel haben die Besucher vom Leuchtturm, der heute ein Museum und Standesamt beherbergt. Mit dem Zug geht es von der Westseite zum Ort. Auch das ist schon ein kleines Erlebnis.

Auf dem Rücken der Pferde Freiheit und Weite genießen – die Ostfriesischen Inseln sind Pferdeparadiese. Die fast endlosen Strände laden geradezu zum Ausritt ein. Aber auch Strand- und Dünenwanderungen bringen einem die Insel nahe. Gerade das sich immer wieder wechselnde Licht macht die Inseln so einzigartig. Wer es lieber etwas lebhafter mag, der findet im Ort jede Menge Unterhaltung. Einfach mal um den „Pudding" laufen, wie der Norddeutsche sagt.

Der Alte Leuchtturm ist auch ein Inselmuseum. Über 900 Exponate geben hier einen Einblick in die Inselgeschichte Wangerooges. Eindrucksvoll erfährt man, wie Wangerooge zum Nordseeheilbad wurde, auch über die Raketenversuche in den 1930er-Jahren und die Zerstörung des Dorfes im 2. Weltkrieg gibt es viel Wissenswertes. Daneben finden sich interessante maritime Exponate, Muschelsammlungen und Schiffsmodelle. Und dann geht es die Stufen hinauf. Der Alte Leuchtturm ist auch ein beliebter Aussichtspunkt. Von hier aus bietet sich ein herrlicher Blick über Wangerooge. Wo einst die Leuchtturm-

wärter wohnten, wird heute ganz romantisch geheiratet – in 30 Metern Höhe befindet sich ein Standesamt. Hier oben haben sich schon über 5000 Paare das Ja-Wort gegeben! Um den Leuchtturm entstand das heutige Dorf. Immer wieder haben Sturmfluten die Insel heimgesucht.

An Neujahr 1855 riss eine schwere **Sturmflut** die Insel in drei Teile. Die Hauptinsel hatte nur noch 175 ha Fläche. Die Flut richtete im alten Inseldorf um den damaligen Westturm starke Zerstörungen an und die meisten Bewohner verließen die Insel. Die Oldenburger Regierung wollte das Eiland ganz aufgeben

Mein persönlicher Tipp

Sieben **Ostfriesische Inseln** reihen sich wie eine Perlenschnur vor der Küste und eine ist schöner als die andere! Ich liebe diese Inseln wirklich sehr und war schon auf jeder. Schwer, eine Lieblingsinsel zu nennen, denn jede für sich ist besonders. Auf einer Überfahrt lernte ich einmal die Eselsbrücke, mit der man sich die sieben Schönen merken kann. Man muss die Inseln von Ost nach West betrachten mit dem Spruch: „Welcher Seemann liegt bei Nanni im Bett?" Dabei bedeuten:

Welcher – Wangerooge
Seemann – Spiekeroog
liegt – Langeoog
bei – Baltrum
Nanni – Norderney
im – Juist (hier klemmt es ein wenig mit I und J ...)
Bett – Borkum

und siedelte die meisten Inselbewohner auf dem Festland in Hooksiel und in der Nähe vom Vareler Hafen an. In der Siedlung bei Varel wurde noch länger als auf der Insel selbst das Wangerooger Inselfriesisch gesprochen. Noch heute trägt die Siedlung den Namen „Neu-Wangerooge". 82 Wangerooger weigerten sich nach der Neujahrsflut, die verwüstete Insel zu verlassen, und gründeten 1865 ein neues Inseldorf im damaligen Osten der Insel. Zu dieser Zeit war Wangerooge schon Seebad.

Viele Familien und junge Leute freuen sich auf die Ferienwochen im Juli und August, wenn es ein umfangreiches Programm gibt und man sich mit Gleichgesinnten zum Spielen oder Partymachen trifft. Individualisten, die die Ruhe suchen, trauen sich sogar im tiefsten Winter nach Wangerooge.

Ein jeverscher Kaufmann war im Jahre 1802 hierher gekommen, um herauszufinden, ob ihm die Seeluft auch bei seinen gesundheitlichen Problemen Linderung verschaffen konnte. **Caspar Jäger** machte auf Wangerooge gute Erfahrungen und schrieb

und veröffentlichte „Etwas über den Nutzen des Seebadens auf Wangerooge". Angeregt durch die Veröffentlichung stellte der jeversche Gelehrte Ulrich Jaspar Seetzen Überlegungen zur Einrichtung eines Seebades auf Wangerooge an. Der Inselvogt Tiark Friedrich Ammann schrieb am 13. März 1804 einen Brief an die „Regierung" in Jever, zu Händen des Geheimrates Kalisch, zu senden an die Fürstinwitwe Friederike Auguste Sophie von Anhalt-Zerbst. Darin bat er „um eine Badekarre und ein Badezelt zum Besten der leidenden Menschheit und vorzüglich für den weniger vermögenden Teil in unseren Gegenden". Die Herrschaft Jever mit der Insel Wangerooge gehörte seit 1793 zu Russland und die Fürstinwitwe als Schwägerin der russischen Zarin Katharina II. war als Statthalterin eingesetzt. Damit begann der Aufstieg Wangerooges zum Badeort – und damit zog auch Wohlstand auf die Insel.

Keine 200 Meter vom Leuchtturm entfernt erstreckt sich der Strand. Kurz davor steht ein weiteres Denkmal Wangerooges – das **Café Pudding**, ein runder Bau, um den

Café Pudding
Zedeliusstr. 49
26486 Wangerooge
Tel.: 04469/220
www.cafe-pudding.com

Gleich hinter dem Strand erheben sich die Dünen. Der Strandhafer schützt sie vor Wind und Regen. Festverwurzelter Naturschutz.

man „um den Pudding", wie man in Norddeutschland sagt, herumlaufen kann. Dann geht's an den Strand – gigantisch. Selbst in der Hochsaison Juli und August findet man hier noch ganz ruhige Plätze, vorausgesetzt man läuft ein Stück. Mit einem gemieteten Fahrrad lohnt auch ein kleiner Ausflug durch die Dünenlandschaft. Die Flora der Insel ist eher bescheiden, aber inseltypisch. Immer wieder haben Sandstürme die Bepflanzung überdeckt und zunichte gemacht. Erst durch gezielte Aufforstungen entstanden kleinere Wald- und Buschgebiete. Dies sind im Osten der Insel das Jade-Wäldchen nahe dem Wasserwerk und ein etwa 7 ha großer Gehölzstreifen aus Pappeln und Weiden nördlich des

Flugplatzes. Die Kartoffelrose fand auf der Insel ideale Lebensbedingungen und verbreitete sich seit ihrer ersten Anpflanzung 1936 rasch auf den Dünen. Bombentrichter aus dem 2. Weltkrieg haben sich mit Wasser gefüllt und sind so zu einem Kleinbiotop geworden.

Die **Wellness-Welle** ist auch auf Wangerooge angekommen: Ayurvedische Behandlungen, besondere Dünenrosenbäder oder Massagen in wohligem Ambiente geben ein Gefühl tiefer Entspannung und völliger Losgelöstheit. Lassen Sie es sich doch einmal so richtig gut gehen! Für Unterhaltung sorgen Konzerte von Kurmusik bis zum Wangerooger Gospelchor, Kabarettabende oder naturheilkundliche Vorträge.

Mein persönlicher Tipp

Der **Alte Leuchtturm** steht mitten im Ort und von oben haben Sie eine fantastische Aussicht auf die Insel Wangerooge sowie auf die Nachbarinsel Spiekeroog, das Festland und die Schifffahrtsstraßen nach Wilhelmshaven, Bremerhaven oder Hamburg. Und bei sehr guter Sicht können Sie sogar das 42 km entfernte Helgoland am Horizont erkennen.

Spiekeroog ist Inselgeschichte

Es fällt schon bei der Anreise auf – Spiekeroog erscheint für eine Ostfriesische Insel ungemein grün. Der Hafen liegt am Ortsrand und die Besucher strömen erst einmal ins Dorf. Der erste Eindruck stimmt – ganz schön grün. Der zweite Eindruck ist aber noch viel stärker. Keine hohen Häuser, kein Beton und in der Fußgängerzone, die fast das ganze Dorf beinhaltet, ist Fahrradverbot. Es ist ein Spaziergang durch die gute alte Zeit. Wie war es damals, als Spiekeroog von den Kurgästen erobert wurde? Erobert? Wohl kaum! Die Spiekerooger sind ein eigenes Völkchen mit einem ganz eigenen Kopf. Als 1846 Spiekeroog zum Seebad wurde, hieß es schon, dass die Insel denen empfohlen wurde, die Ruhe und Natur suchten. Daran hat sich bis heute nicht viel geändert. Spiekeroog ist die einzige Ostfriesische Insel, die keinen Flugplatz hat. Heiße Disconächte sucht man auch vergebens. Dafür bietet die Insel ein reichhaltiges Kulturprogramm in den Sommermonaten. Spiekeroog ist die einzige Ostfriesische Insel mit eigenem Inselzirkus. Der **Circus Tausendtraum** macht seinem Namen alle Ehre. Verspielt, verträumt und fantasiereich verzaubert er seine Besucher und hinter allem steckt auch noch ein pädagogisches Konzept. Durchschnittlich 15 Wochen im Jahr sind die Tausendträumer auf Spiekeroog Gast; im Sommer leuchtet das blau-gelbe Sternenzelt im Kurpark und in den Oster- und Herbstferien wird in den Räumlichkeiten der Nordseebad Spiekeroog GmbH „gelacht, geträumt und gestaunt". Zu den Programmen gehören: **Der Mitmachzirkus –** hier schlüpfen die Kinder im Alter von 6 bis 15 Jahren einmal selbst in die Rolle der Zirkusartisten und zum Abschluss gibt's dann eine große Aufführung, zu der alle Eltern und Urlauber eingeladen sind. **Clowns sagen „Gute Nacht"** – kostenfrei –

Von allen Ostfriesischen Inseln hat Spiekeroog sein typisch friesisches Gesicht bewahrt. So wollten es die Insulaner.

Nordseebad Spiekeroog
Kurverwaltung & Schifffahrt
Noorderpad 25
26474 Spiekeroog
Tel.: 04976/9193101
www.spiekeroog.de

Zirkus Tausendtraum

über
Nordseebad Spiekeroog GmbH
Kurverwaltung & Schifffahrt
Noorderpad 25
26474 Spiekeroog
Tel.: 04976/9193101
www.tausendtraum.de

Früh übt sich, wer ein Artist werden will. Der Zirkus Tausendtraum erfüllt Kinderträume auf Spiekeroog.

Kulturarbeit spielt auf Spiekeroog eine große Rolle – sehr zur Freude der Gäste.

einmal pro Woche! Wenn Clowns „Gute Nacht" sagen, dann fangen sie an zu zaubern, zu lachen, zu erzählen, zu träumen. Eine spontane Erzählstunde nicht zum, sondern kurz vor dem Einschlafen. Immer wieder anders. **Varieté-Abend** „Licht aus, Spot an" heißt es an diesem Abend in der Zirkusmanege. Die Artisten des Zirkus Tausendtraum zeigen ein buntes Programm, in dem auch die Zuschauer eine große Rolle spielen und eine unterhaltsame Mischung aus Jonglage, Zauberei, Musik, Artistik und Comedy

geboten wird. **Zwergenzirkus** – einen Nachmittag lang haben hier Kinder im Alter von 4 bis 6 Jahren die Gelegenheit, in den Zirkus hineinzuschnuppern. Alles wird ausprobiert und am Ende gibt es eine kleine Abschlussaufführung vor den Eltern und Geschwistern.

Und wer seine Stimmbänder in Schwingung bringen möchte, dem sei das **Dünensingen** ans Herz gelegt. Ob Urlauber oder Einheimische, seit über 40 Jahren treffen sie sich oberhalb des Dorfes in den Dünen und singen gemeinsam.

Zur Kultur Spiekeroogs gehört auf jeden Fall auch das Dorf. Vieles ist erhalten geblieben und Kurioses gibt es auch. Auffällig sind am Nordrand die vielen Bäume. Die haben einst die Frauen der Insel gepflanzt, um ihre Gärten vor den Sand der Dünen zu schützen. So manche Ernte wurde vorher – wie man so schön sagt – in den Sand gesetzt. Die Anpflanzungen schafften Abhilfe. Im Dorf gibt es noch Häuser mit schwimmenden Dächern, **Drifthäuser** hießen sie. Eine pfiffige, wie lebensrettende Konstruktion, die bis ins 18. Jahrhundert an der Küste gebaut wurde. Das „Huus Puppenstuv" besitzt noch heute diese Schwimmdachkonstruktion, deutlich zu erkennen an den wuchtigen, alten Balken in der Stube und im Schlafzimmer, weiter das „Alte Inselhaus" mit der alten Hausnummer 20. Es war eine einfache, aber wirksame Rettungsmaßnahme bei Sturmfluten. Im Ernstfall konnten sich hierher die Bewohner samt Vieh mit ihrem Hab und Gut flüchten. Im Falle einer Sturmflut, die das Dorf überschwemmte, wurde ein Haltebolzen entfernt und das „seetüchtige" Dach konnte sich schwimmend vom restlichen Haus trennen. Der Nordwind trieb das Dach wie ein Segelschiff gegen die Küste, wo sich die Bewohner retten konnten.

Zwischen den beiden ältesten Straßen Spiekeroogs, Süderloog und Noorderloog, steht die **Alte Inselkirche**. Sie wurde 1696 erbaut und ist die älteste der Ostfriesischen Inseln. Friesisch bescheiden ist sie von außen. Im Inneren gibt es einiges zu entdecken: eine wertvolle Renaissancekanzel, bemalte Wände sowie eine Pietà (Figur Marias mit dem toten Jesus im Arm) aus dem Jahre 1588. Eine Besonderheit: Die Glocke der Kirche wird noch immer von Hand geläutet. Und wenn das Wetter mal nicht zum Baden einlädt, lohnt

Norddeutscher geht es kaum: Wer Lust hat, geht zum Dünensingen. Seemannslieder ertönen zwischen Meer und Dorf.

Dünensingen
Eckart Strate
Findorffstr 7
Tel.: 04792/3710

Die tiefgezogenen Dächer sind typisch für die friesische Architektur.

ein Spaziergang an das Ostende der Insel. Dort befindet sich das Nationalpark-Haus Wittbülten. Eine Ausstellung zeigt anhand von Exponaten, Installationen und spielerischen Modellen, wie die Insel entstanden ist. In vier Aquarien leben einheimische Meerestiere, manche davon, wie Seestern oder Nordseekrabbe, dürfen sogar berührt werden. Wesentlich bequemer erreicht man den Westen der Insel. Ganze zwölf Minuten dauert eine Fahrt mit Deutschlands einziger Eisenbahn, die noch von Pferden gezogen wird: Auf Spiekeroog verbindet sie den ehemaligen Bahnhof mit dem Strand am Westende. Die Strecke hat Tradition, denn bereits 1885 wurde eine Schienenverbindung von der Dorfmitte zum damaligen Herrenbadestrand im Westen der Insel eingeweiht. 1949 fuhr auf der Insel der einstweilen letzte von Pferden gezogene Waggon, bevor die Verbindung zwischen Schiffsanleger und Dorf zunächst auf eine Diesellok umgestellt und später aufgegeben wurde. Seit 1981 rollt der offene Pferdebahnwagen von 1886 mit seinen 16 Sitzplätzen wieder. Inzwischen hat er sich zu einer der bekanntesten und beliebtesten Sehenswürdigkeiten auf Spiekeroog entwickelt. Vor allem für Kinder und junge Familien ist die Insel ein Paradies. Runterkommen von der Hektik des Alltags, die Kinder nach Herzenslust spielen lassen und eine Inselnatur erleben, die es eben nur auf den Ostfriesischen Inseln gibt.

Die Pferdebahn führt im Sommer die Gäste an den Weststrand. Bitte Zeit mitbringen!

Mein persönlicher Tipp

Nun geht es auf den Inseln sowieso schon einen Gang ruhiger zu als auf dem Festland, vor allem auf den fünf autofreien Inseln Wangerooge, Spiekeroog, Langeoog, Baltrum und Juist. Wenn man aber mit der altertümlichen Spiekerooger **Pferdebahn** zum Weststrand fährt, fühlt man sich wirklich wie im anderen Jahrhundert. Ein Pferd zieht eine Bahn auf einem Gleis vom Ort zum Strand. Und das alles schön im gemächlichen Schritttempo – aber fahrplanmäßig. Herrlich! Es ist die einzige Eisenbahn Deutschlands, die noch von einem Pferd gezogen wird. Fahrzeit: 12 Minuten.

Langeoog und Lili Marleen

Versonnen steht eine Dame etwas abseits an der Reling der Fähre nach Langeoog. Sie schaut den Möwen und den Wellen zu und summt dabei ein Lied – **Lili Marleen**. Mit Kaserne und dem großen Tor hat dieser herrliche Tag eigentlich nichts zu tun, aber dann doch irgendwie. Lale Andersen hat auf Langeoog gelebt und ist auch dort beerdigt. Lili Marleen war der erste Millionen-Seller der deutschen Musikindustrie. 1939 nahm es Lale Andersen auf und während des Krieges wurde es auf beiden Seiten der Front gehört. Die Nazis verboten es teilweise, weil ihnen der Text und die Melodie zu depressiv, zu wehrkraftzersetzend erschienen. Als sich Lale Andersen 1942 weigerte, das Warschauer Ghetto zu besuchen und ihr Briefwechsel mit Emigranten den Nazis in die Hände fiel, sollte sie in ein Konzentrationslager. Der Einweisung wegen „undeutschen Betragens" kam glücklicherweise eine Falschmeldung der BBC über ihre angeblich bereits erfolgte Verhaftung zuvor. Dadurch zu heftigem Dementi genötigt, konnten die Nationalsozialisten diesen tatsächlich geplanten Schritt nicht mehr realisieren. Daraufhin wurde der Künstlerin „nur noch" untersagt, das Lied je wieder zu singen. Lale Andersen zog sich daraufhin auf Langeoog zurück.

Feinster Sand, blauer Himmel und der Blick auf die Nordsee. Der Strandkorb darf dabei nicht fehlen.

Kurverwaltung Langeoog
Hauptstraße 28
26465 Langeoog
Tel.: 04972/693-0
www.langeoog.de

Joke Pouliart ist Hafenmeister und Künstler auf Langeoog. Seine Werkstoffe findet er am Strand.

Zwei „Meere" umspülen die Insel. Im Norden die offene See und im Süden das Watt.

Joke Pouliart

Um Süd 11
26465 Langeoog
Tel.: 0173/9978231
www.joke-machts.de

Das Wattenmeer zeigt sich friedlich, für einige Skipper zu friedlich. So manches Boot legt bei Ebbe eine Zwangspause ein.

Der Hafen ist erreicht, die Fähre legt an. Gegenüber liegen Segel- und Motorboote im Yachthafen. Für den nötigen Service der Bootseigner – Strom- und Wasserversorgung, Tipps und morgens frische Brötchen – sorgt **Joke Pouliart,** Hafenmeister und die gute Seele des Yachthafens. Dass der Hafen tideabhängig ist, findet er richtig gut. Das schafft Zeit für andere Dinge und die betreibt Joke mit Begeisterung. Vor allem nach stürmischer See zieht es ihn an den Strand. Dort sucht er nach Holz – Salzholz. Hinter jeder Fundsache verbirgt sich eine Geschichte. Manche kann er entschlüsseln. Da werden Planken von Schiffen angespült, die vor Jahrzehnten Opfer der See wurden. Das Holz, von Salz durchtränkt, ist auf ewig imprägniert. Manchmal unterbricht Joke seine Suche. Dann schaut er aufs Meer hinaus. Er mag die Unberechenbarkeit des Wetters über der See. Schnell zieht Nebel auf. Manchmal scheint sich der Horizont mit dem Himmel zu vereinen und dann strahlt er in einem Blau bei glasklarer Luft. Mit der Beute geht es in seine Werkstatt. Aus dem hölzernen Treibgut gestaltet er Möbel, Lampen und Kunstwerke. Alles Unikate. Die außergewöhnlichen Objekte werden mittlerweile nicht nur an der Küste geschätzt. Die Werkstatt liegt im Dorf und von da aus ist es nicht weit bis zum **Wasserturm**, einem der Wahrzeichen von Langeoog.

An ihm lässt sich ein gutes Stück der Inselgeschichte ablesen. Bevor der Tourismus auf der Insel Einzug hielt, gab es immer wieder Probleme mit der Wasserver- und -entsorgung. Die meisten Häuser fingen über Zisternen Regenwasser auf oder hatten eigene Brunnen, die häufig versalzen waren. Mit dem Aufkommen des Bäderbetriebs stiegen

Mein persönlicher Tipp

Ein Sommerabend auf Langeoog, Akkordeonklänge wehen über die Dünen zum Meer. Dazu singt ein ungewöhnlicher Chor. Ein Chor aus Urlaubern. Jeder kann mitmachen beim **Dünensingen:** Volks- und Seemannslieder wie "Lili Marleen", „Wo die Nordseewellen trecken ..." oder „Guten Abend, gute Nacht" werden zusammen gesungen. In der Mitte steht Herbert Burmeister, ein Seebär mit Akkordeon. Hunderte Menschen kommen spontan jeden Dienstag um 20 Uhr zu den Dünen unweit des Wasserturms, um gemeinsam zu singen. Es ist eine ganz besondere Stimmung, die mich sehr berührt hat.

Familie Falke

Ostende Meierei
26465 Langeoog
Tel.: 04972/248
www.falke-meierei.de

Die Meierei am Ostende ist längst zur Kultstätte geworden. Lecker essen und trinken gehört dazu. Angenehmen Schatten spendet der Wald auf Langeoog im Hochsommer.

Hofgoldschmiede am Meer

Barkhausenstr. 34
26465 Langeoog
Tel.: 04972/990344
www.trauringseminare.de

auch die Ansprüche. Die meist wohlbetuchten Gäste störte der Gestank der Abwässer in den Gräben, die die Insel durchzogen. Das Wasser war hygienisch bedenklich bis gesundheitsgefährdend. Abhilfe tat Not. Hinzu kam – mal wieder – eine Sturmflut 1906, die die Wasserversorgung der Insel noch problematischer machte. All diese Umstände führten schließlich zum Bau des Wasserturms und einer Kanalisation. Ende der 1980er-Jahre wurde der Wasserturm außer Betrieb genommen. Durch neue Technik wurde er nicht mehr benötigt. Seitdem dient er als Wahrzeichen der Insel sowie als Aussichtsturm.

Von hier aus sieht man auch den Weg zur **Meierei**. Sie liegt außerhalb und ist heute ein beliebtes Ausflugsziel – mit Rad und Kutsche. 1882 wurde eine Domäne nebst **Meierei** gegründet, um die Urlauber mit Milch, Käse und Fleisch zu versorgen. Schon bald nach der Gründung gab es eine Schankerlaubnis.

2002 verließen die letzten Kühe die Meierei. Bis heute ist jedoch die Dickmilch eine Spezialität des Hauses. Der Garten und das Lokal sind ein Muss für jeden Inselbesucher. Die Kinder entdecken hinter dem Haus die Ponys und viele Kleintiere. Auch für Verliebte, die sich das Jawort geben wollen, hat Langeoog einiges im Angebot: Sie können zwischen verschiedenen Trauräumen, wie beispielsweise dem Trauzimmer im Rathaus, dem Fahrgastschiff „MS" – mit anschließender Fahrt auf See oder der romantischen Friesenstube im alten Seemannshus von 1844 wählen. Außerdem kann auf Langeoog auch auf Plattdeutsch geheiratet werden.

Etwas ganz Besonderes bietet die **Hofgoldschmiede am Mee**r an. Hier können die Paare unter fachkundiger Leitung ihre Trauringe selber anfertigen. Eines ist sicher – es entsteht etwas Unvergleichliches, das hoffentlich ein Leben lang hält.

Baltrum – tragisch schön

Eine Tragödie ist eng mit Baltrum verbunden. Noch heute sind Insulaner ebenso wie Gäste vom Schicksal des **Tjark Evers** tief berührt.

Tjark Ulrich Honken Evers starb am 23. Dezember 1866 im Nebel über dem Wattenmeer zwischen Langeoog und Baltrum. Im Baltrumer Kirchenbuch heißt es: „Der Verunglückte besuchte die Navigationsschule in Timmel. In den Weihnachtsferien wollte er seine Eltern besuchen und kam am 22. Dezember in Westeraccumersiel an. Am Morgen des anderen Tages (sonntags) bestieg er mit einem Langeooger ein Boot, das sie jeden an den heimatlichen Strand setzen sollte. Zwischen sechseinhalb und sieben Uhr morgens fuhren sie ab. Ein ziemlich dicker Nebel verhinderte aber den Blick in die Ferne. Die Bootsleute ruderten zuerst nach dem Langeooger Strand, wo sie den Mann von Langeoog aussetzten. Von da wollten sie zum Baltrumer Strande rudern. In der festen Meinung, diesen Strand erreicht zu haben, legte man an und der Verunglückte stieg aus, und die Bootsleute fuhren wieder ab. Es war aber nicht der heimatliche Strand, den der Verunglückte betreten hatte, sondern eine Sandbank auf der er in der steigenden Flut seinen Tod gefunden. Der Unglücksfall wurde am 5. Januar 1867 bekannt. Am 3. Januar ist an der Insel Wangerooge in einer Cigarrenkiste, die mit einem Taschentuch umwunden war, das Taschenbuch des Verunglückten angetrieben worden ...". Nachfolgend der Wortlaut

Kurverwaltung Baltrum
Westdorf 130
26579 Baltrum
Tel.: 049 39/80-0
www.baltrum.de

Der Inselschutz vor Sturm und Flut hat eine jahrhundertealte Tradition. Jedes Frühjahr werden die Winterschäden beseitigt.

"Liebe Eltern, Gebrüder und Schwestern, ich stehe hier auf einer Plat und muß ertrinken, ich bekomme euch nicht wieder zu sehen und ihr mich nicht. Gott erbarme sich über mich und tröste euch. Ich stecke dieses Buch in eine Sigarren Kiste. Gott gebe, daß Ihr die Zeilen von meiner Hand erhaltet. Ich grüße euch zum letzten Mal. Gott vergebe mir meine Sünden und nehme mich zu sich in sein Himmelreich. Amen.

An Schiffer H. E. Evers Baltrum
T U H Evers
Ich bin T. Evers von Baltrum.

Der Finder wird gebeten, dieses Buch meinen Eltern zuzuschicken an Cpt. H. E. Evers Insel Baltrum"

Museum Altes Zollhaus
Westdorf 18
26579 Baltrum
Tel.: 04939/910631
www.baltrum.org

des bis heute erhalten gebliebenen Textes (links ein Ausschnitt).

Der Vater des Verunglückten war der Schiffer Honke Eilts Evers. Dessen einzig überlebender Sohn, also der Bruder von Tjark Ulrichs Honke Evers, war der Kapitän und spätere Gemeinde- und Kirchenvorsteher Eilt Honken Evers – Urgroßvater von Horst Evers, der die Zigarrenkiste nun dorthin zurückbrachte, wo sie der Ansicht des Heimatvereins Baltrum nach hingehört: nämlich nach Baltrum.

Neben der bewegenden Geschichte des Tjark Evers gibt das Museum noch einen weitreichenden Einblick in das Leben der Insulaner in der Vergangenheit. Viele interessante Exponate sind zusammengetragen worden. Im ersten Raum bekommen die Besucher einen Einblick in die Schifffahrt, dem Haupterwerb

der Insulaner zur Zeit der Frachtsegler. Der zweite Raum ist die ehemalige „Mutterstube", in der von 1932 bis 1969 über 140 Kinder das Licht der Welt erblickten. Die andere Hälfte des Raumes ist dem Tod gewidmet. Grabmale früherer Zeiten sind dort ausge-

Mein persönlicher Tipp

Die Geschichte von **Tjark Evers,** dem Baltrumer Matrosen und Navigationsschüler, der Weihnachten 1866 bei dichtem Nebel nicht auf seiner Heimatinsel landet, sondern auf einer vorgelagerten Sandbank und damit in der unerbittlich ansteigenden Flut ertrinken wird, kennt jeder auf Baltrum. In den Stunden des Wartens auf den Tod schreibt er in sein Tagebuch, hofft und bangt und ruft nach Gott. Als keine Rettung mehr möglich ist, legt er sein Buch in eine Zigarrenkiste und verschnürt das Päckchen mit seinem Halstuch. Später wird die Kiste an den Strand gespült. Zu sehen sind Taschenbuch, Halstuch, Bleistift und Zigarrenkiste im „Alten Zollhaus", dem Heimatmuseum Baltrum.

stellt. Im östlichen Flur sind Fotos von Insulanerhäusern zu sehen, die nicht mehr stehen. Hier gibt es auch Bilder von den vielen Sturmfluten. Die Entwicklung des Tourismus wird im dritten Raum veranschaulicht: Alte Prospekte, Gästebücher, Schriftwechsel mit den Gastgebern und viele Fotos erinnern an längst vergangene Zeiten. Das Leben der Inselbewohner wird im vierten Raum dargestellt. Bedarfsgegenstände und Kleidungsstücke sind dort ausgestellt und vermitteln einen Eindruck, wie es früher einmal war. Die Bildergalerie im westlichen Flur zeigt die alten Bewohner dieser Insel.

Nicht weit vom Museum entfernt steht das Wahrzeichen der Insel: die „Inselglocke". Sie gehört zur alten Inselkirche und ist das zweitälteste erhaltene Gotteshaus auf einer ostfriesischen Insel. Sie wurde 1826 erbaut und bietet rund 50 Personen Platz. Als „Glockenturm" dient ein einfaches Holzgerüst, in

dem die Glocke eines vor der Insel gestrandeten holländischen Segelschiffs hängt. Um die Insel in ihrer ganzen Vielfalt zu erkunden, lohnt der Gang über den **Baltrumer Gezeitenpfad**. Er ist ein rund sieben Kilometer langer **Lehrpfad**, der 2006 anlässlich des 20-jährigen Bestehens des **Nationalparks**

Baltrum ohne einen Besuch im Café Kluntje geht gar nicht – behaupten jedenfalls die meisten Gäste.

Café Kluntje
Ostdorf Nr. 29
26579 Baltrum
Tel.: 04939/419
www.kluntje.com

Niedersächsisches Wattenmeer eröffnet wurde. Der Pfad beginnt am Watt beim Hafen, führt über die Küstenschutzanlagen am Westkopf der Insel, quert den Strand und die Insel, führt über die Dünen und durch Dünentäler, kommt zu den Salzwiesen zurück und endet im Nationalpark-Haus Baltrum. Die Informationstafeln der 22 Stationen entlang des Pfades geben Einblicke in die Gezeiten, die Inselgeschichte, den Küsten- und Naturschutz sowie die Entwicklung des Tourismus auf Baltrum.

Nach so viel Natur und Wissenswertem ist es Zeit für eine leckere Pause. Da bietet sich das Café „Kluntje" an. Es ist eines der ältesten Häuser auf Baltrum und wurde, wie auch die anderen „alten" Häuser, nach der verheerenden Sturmflut von 1825 erbaut. Das unter Denkmalschutz stehende Haus Nr. 29 wurde 1999 von Familie Hans Nannen liebevoll und originalgetreu renoviert. Bei Ostfriesentee – wie sollte es auch anders sein – und leckerem Kuchen kann man Baltrum-Geschichte quasi atmen.

Norderney – wo das Leben tobt

Selbst in der Hochsaison findet jeder, der will, ein ruhiges Plätzchen auf Norderney, auch wenn hier das Leben tobt.

Schön gemütlich – egal ob mit dem Auto oder dem Zug – erreicht man die Fähre in Norddeich, um nach Norderney überzusetzen. Diese verkehrstechnischen Segnungen brachte der Tourismus. Schließlich ist Norderney **das älteste Seebad** an der deutschen Nordseeküste: Am 3. Oktober 1797 wurde die Insel zur ersten Königlich-Preußischen Seebadeanstalt nach englischen und dänischen Vorbildern. Die Zeit des Darbens war damit vorbei,

was die Frage aufwirft: Was trieb die Menschen dazu, sich auf den „schönsten Sandhaufen" Deutschlands anzusiedeln, die dann auch noch von Sturmfluten bedroht wurden. Es mag wohl auch mit der „friesischen Freiheit" zu tun haben. Obwohl die Inseln immer von Häuptlingen und später durch den Adel regiert wurden, war man doch auf den Inseln weitab vom Schuss – das kann auch wörtlich genommen werden.

Der Fischfang und die Seefahrt sorgten für bescheidene Einkünfte, aber für ein gutes Stück Freiheit. Versuche, auf den sandigen Böden Getreide anzubauen, wurden bald wieder aufgegeben. Etwas Viehhaltung war möglich. Dann kamen die ersten Urlauber und eine neue Zeitrechnung begann. Norderney wuchs rasant. 1793 lebten 563 Einwohner auf Norderney. Gut 100 Jahre später waren es 4000 und heute sind es rund 6000.

Es dauerte etwas, bis die „Promis" im 19. Jahrhundert Norderney entdeckten. Als „Promi-Pionier" gilt **König Georg V. von Hannover**, Herzog von Cumberland. Er kam erstmals 1836 auf die Insel und danach von 1851 bis 1866 während der Sommermonate. Ihm zu Ehren wurde im Jahr 1866 das Cumberland-Denkmal auf der Insel errichtet. Ihm folgten Friedrich Willhelm von Preußen, Reichskanzler Fürst Bernhard von Bülow, Kaiser Wilhelm II., Walther Rathenau, Gustav Stresemann und Felix Graf von Luchner.

Auch unter Kulturschaffenden und Wissenschaftlern erfreute sich die Insel großer Beliebtheit. Zu erwähnen sind hier Wilhelm von Humboldt, Theodor Fontane sowie Clara und

So ähnlich fing es mal an. In den Strandwägen zog man sich – streng nach Damen- und Herrenstrand getrennt – um.

Robert Schumann. Heinrich Heine war im August 1825 sowie im Sommer 1826 und 1827 als Sommerurlauber auf Norderney. Der Autor mit der bösen Zunge hat auch die dortige Spielbank geschätzt. Der Aufenthalt inspirierte ihn zu seinem Zyklus „Die Nordsee", in dem er die Insel und ihre Einwohner beschrieb, und zu der Reihe „Seestücke", einem Zeitzeugnis, welches das harte und karge Leben der Insulaner im frühen 19. Jahrhundert schildert: „Die Eingeborenen sind meistens blutarm und leben vom Fischfang, der erst im nächsten Monat, im Oktober, bei stürmischem Wetter, seinen Anfang nimmt. Viele dieser Insulaner dienen auch als Matrosen auf

fremden Kauffahrteischiffen und bleiben jahrelang vom Hause entfernt, ohne ihren Angehörigen irgendeine Nachricht von sich zukommen zu lassen. Nicht selten finden sie den Tod auf dem Wasser. Ich habe einige arme Weiber auf der Insel gefunden, deren ganze männliche Familie solcherweise umgekommen; was sich leicht ereignet, da der Vater mit seinen Söhnen gewöhnlich auf demselben Schiffe zur See fährt." (aus: Heinrich Heine, „Die Nordsee 1826. Dritte Abteilung")

Und weiter heißt es: „Das Seefahren hat für diese Menschen einen großen Reiz; und dennoch, glaube ich, daheim ist ihnen allen am wohlsten zumute. Sind sie auch auf ihren Schif-

Ob Kaiser Wilhelm die Dünenlandschaft genoss, ist unbekannt.
Mit ihm kamen aber viele „Promis" nach Norderney und daran
hat sich bis heute nichts geändert.
Politiker, Schauspieler und Künstler wissen die Insel zu schätzen.

NORDEN

FRIETBOX
HANDGEMACHTE BURGER & POMMES

fen sogar nac...   ...u Ehren
kommen, wo ...   ...ng des
Mond romantis...   ...in Hei-
alle Blumen dor...
stopfen, und mi...   ...h Kur-
Frühlings sehne...   ...n bald
ihrer Sandinsel, ...inen-
dem flackernde...   ...ebten
verwahrt in wol...   ...nger,
und einen Tee tri...   ...n. Ob
Seewasser nur d...   ...glich-
det, und eine Spra...   ...keiten des Strandlebens auf Norderney genie-
begreiflich scheint, wie es ihnen selber möglich   ßen konnten, ist nicht bekannt. Gleich am Ort
ist, sie zu verstehen." (aus: Heinrich Heine, „Die   liegt der **Weststrand**. Er ist bei jungen Fami-
Nordsee 1826. Dritte Abteilung")   lien beliebt. Der Strand, das Meer, da werden

Tourist-Information
im Conversationshaus
Am Kurplatz 1
26548 Norderney
Tel.: 04932/891-900
www.norderney.de

Weisse Düne 1

26548 Norderney
Tel.: 04932/93 57 17
www.weisseduene.com

Der **Nordstrand** ist Szenetreff. Schwimmen, tauchen, Rutschfußballcups oder Beachvolleyball – gerade bei den jungen und jung gebliebenen Gästen ist der Nordstrand eine feste Adresse. Im Sommer kommen dann noch jede Menge Veranstaltungen hinzu. Dazu gehören das White Sands Festival, das Holy Beach Festival oder die Summertime. Cool und weltoffen geht es zu. Wer es ruhiger, aber durchaus niveauvoll haben möchte, der geht einfach den Strand fünf Kilometer nach Osten.

Dort ist die weiße Düne. Mitten in den Dünen liegt das Restaurant **„Weisse Düne"**, mit Sicherheit ein kulinarischer Höhepunkt der Insel. Während es mittags eher gutbürgerliches Essen gibt, werden abends feinste Speisen serviert. Viele Zutaten kommen vom ostfriesischen Festland. Man kennt sich, man besucht sich, man schafft Vertrauen. Auf der Terrasse sonnen sich bei kühlen Getränken die Gäste oder halten einen Klönschnack.

Mit dem Rad oder zu Fuß geht es durch die Dünen. Inmitten dieser faszinierenden Landschaft liegt das Restaurant „Weisse Düne". Und wie sollte es anders sein: Es gibt köstlichen Fisch oder die Empfehlung vom Chef: Suppe mit dreierlei Fisch.

die Kinder ganz schnell zu Seeräubern. Auf dem Piratenspielplatz können sie zum Störtebeker werden und die Küsten der Nordsee unsicher machen. Die Kids, die es lieber sportlich möchten, können sich durch den Hochseil- und Klettergarten hangeln.

Mein persönlicher Tipp

Die größte Attraktion aller sieben ostfriesischen Inseln ist die Natur: Weite, Wind und Wasser sind schier endlos. Auf Norderney mag ich besonders den Strandabschnitt „Weisse Düne", etwa 5 km vom Ort Richtung Osten. Freiraum und weißer Sandstrand, so weit das Auge reicht. Hier ist ein Strandspaziergang besonders schön und ein Kaffee in der „Weissen Düne" ist danach doppelt so lecker.

Sie gehören einfach dazu – die Seehunde. Auf Norderney sind sie gleich vom Strand aus zu sehen.

Gestärkt geht es weiter Richtung Osten. Nach sieben Kilometern erreicht man die **„Oase"**. Die Freunde der Freikörperkultur sind hier richtig. Die FKK-ler schätzen auch die Sauna mit 180 Grad-Blick. Überhaupt, von Textilien befreit spürt man Wind, Salz, Sand und das Meerwasser … ganzheitlich! Und am äußersten Ende der Insel kann man bis zu den Seehundbänken sehen. Die nehmen auch gerade ein Sonnenbad.

Eine Entdeckungstour durch die Stadt Norderney lohnt sich allemal. Eine Vielzahl von zum Teil im 19. Jahrhundert im wilhelminischen Stil errichteten Häusern kann man bestaunen; so gibt es hier allein über 100 denkmalgeschützte Gebäude. Neben den Bauten der wilhelminischen Ära haben sich Häuser im Jugendstil, der Bäderarchitektur und auch aus dem Biedermeier erhalten. Sie geben in ihren unterschiedlichen Stilrichtungen Einblick in die bewegte Geschichte der Insel.

Manche behaupten, Juist sei die schönste und längste Sandbank der Welt. Die Insel ist 17 Kilometer lang und hat zur Nordsee hin einen Strand und Dünengürtel, der seinesgleichen sucht. Frühmorgens ist **Tim Köhler** unterwegs und hat den Blick auf den Strand gerichtet. Er sucht nach dem, was die letzte Flut angespült hat. Steine, Hölzer, alte Fischernetze, alles wird kritisch betrachtet. Schließlich sollen aus den kleinen Fundsachen einmal Kunstwerke werden. Die entstehen in der kleinen Werkstatt hinter dem Haus. Dort verbindet er die unterschiedlichsten Fundstücke zu etwas Neuem. Ein, wie er sagt, hervorragender Ausgleich zu seinem Hauptberuf als Physiotherapeut. In der Praxis, wie sollte es auch anders sein, sind viele seiner Kunstwerke

Juist – ganz schön lang

zu bewundern. Viele Urlauber, schließlich geht es ja auch um die Gesundheit, gönnen sich eine Massage oder eine Packung bei Tim Köhler. Seine Werkstatt liegt an der Billstraße und die führt an das westliche Ende von Juist.

Das friesische Wort **„Bille"** bedeutet wohl **„Gesäßbacke"**. Wer bei Ebbe das Westende – die Bille – besucht, den erinnert die Form des breiten Sandgürtels leicht an einen überdimensionalen Po. Ein Spaziergang um die Bill ist ein einzigartiges Erlebnis, denn in dieser Region treffen sich Nordsee und Wattenmeer. Das sorgt auch für ein faszinierendes Farbenspiel. Und dann die Weite, das Rau-

Tim Köhler
Billstraße 5
26571 Juist
Tel.: 04935/92 19 18
www.aus-liebe-zur-natur.de

schen der Wellen und ganz viel Platz um einen herum. Es scheint, als gehöre plötzlich die Insel einem allein. Dann füllen sich erst langsam, dann immer schneller die Priele. Die Flut kehrt zurück. Zeit zu gehen und Zeit für eine süße Pause.

Kurz hinter den Dünen liegt ein Bauernhof – die **„Domäne Bill"**. Wer Urlaub auf Juist macht, fährt oder geht wenigstens einmal dorthin. Legendär der Rosinenstuten – natürlich hausgemacht. Seit über 20 Jahren führt Sven Ahrends mit seiner Frau das Lokal. Wenn die Gäste das Haus am frühen Abend verlassen haben, kehrt eine ganz besondere Ruhe ein. Das Paar liebt die Dünen, das Meer und das Alleinsein. Juist bekommt dann wie-

der etwas Ursprüngliches. Sanft wiegt sich der Strandhafer in der untergehenden Sonne. Austernfischer und Möwen ziehen am Himmel ihre Kreise und kommentieren das lautstark. Und dann der Strand! Er scheint fast endlos. Jeder Schritt durch den weißen Sand wird bewusst erlebt. Die Ausläufer der Wellen umspülen die Füße. Wo gerade noch Spuren waren, hat sie das Meer bald verwaschen. Nach einem solchen Spaziergang zum Dorf kann man nur selig schlafen.

Ganz und gar nicht selig waren die vielen Sturmfluten, die die Insel im Laufe ihrer Geschichte heimsuchten. Auf Juist wurden die Menschen in 128 Jahren viermal gezwungen, wegen den Sturmfluten ihre Wohnstätten zu

Immer wieder formt die Natur die Strände und das Wattenmeer neu. Landschaften wie Kunstwerke entstehen.

Juist
Strandstr. 5
26571 Juist
Tel.: 04935/8090
www.juist.de

Wenn es nur erzählen könnte – das Treibholz am Strand. Schicksale, Katastrophen und vielleicht auch Liebesgeschichten hätten sie zu berichten. Ähnlich ging es wohl auch dem Leuchtturm. Aus Stein und Holz lassen sich vortrefflich Kunstwerke gestalten.

Statt Autos Pferdekutschen: Juist lebt im Takt des Hufschlags. Ein Symbol vergangener Zeiten – und einfach schön.

verlassen und neu zu siedeln. 1651 zerstörte die Petriflut die erste Kirche und teilte die Insel. Erst 1932 konnte der Durchbruch endgültig geschlossen werden. Dadurch entstand der Hammersee, der größte Süßwassersee der Ostfriesischen Inseln und ein Vogelparadies.

Und bei so viel Natur und Gesundheit darf natürlich auch kein Biohotel fehlen. Das gibt es in der Dellertstraße. **„AnNatur"** heißt das Haus, das von Annegret und Alt Coordes geführt wird. Schon am Eingang wird der Gast durch Heil- und Gewürzkräuter begrüßt. Das

ganze Haus ist auch baubiologisch nach Öko-richtlinien gestaltet worden. Verschiedene Ayurveda- und Massage-Angebote gibt es. Viele Gäste schätzen das „Rundum-Paket": tagsüber durch die Dünen streifen, am Strand spazieren gehen, den Möwen zuschauen und anschließend eine herrliche Massage! Zum Ausklang des Tages gibt es Gesundes aus der Küche und zum Abschluss einen gigantischen Sonnenuntergang über der Nordsee. Spätestens dann ist der Rest der Welt ganz weit weg von Juist.

Haus AnNatur
Dellertstrasse 13–14
26571 Juist
Tel: 04935/9 18 10
www.annatur.de

Domäne Bill
26571 Juist
Tel.: 04935/12 12

Mein persönlicher Tipp

Die Insel Juist bezeichnet sich auch als Töwerland, was so viel heißt wie Zauberland. Und wirklich, die Insel strahlt einen besonderen Zauber aus. Weiter Himmel und endloser Strand, Dünen, Salzwiesen, Leuchtturm, Strandkörbe ... hier findet jeder sein Zauberplätzchen. Der Ort hat einen exklusiven Hauch mit dem Kurhotel und der Strandpromenade. Die Insel ist autofrei. Man fährt Fahrrad oder kommt mit der Pferdekutsche von A nach B. Ein besonders schöner Ausflug führt zur „Domäne Bill", einem ehemaligen Bauernhof am Westende der Insel. Heute ist die Bill ein Ausflugslokal und es gibt hier den besten Rosinenstuten (eine Art Weißbrot). Natürlich alles selbst gebacken! Lecker.

Borkum – die westlichste Insel

Der Tourismus hat längst die Landwirtschaft auf Borkum abgelöst – so wie auf den meisten Inseln. Einige, wie Familie Müller, bedauern die Entwicklung. Sie haben sich vor Jahren entschlossen, wieder Schafe zu halten – natürlich musste es eine alte Rasse sein, die mit dem kargen Boden klarkommt. Sie haben sich für Schnucken entschieden.

Von Emden geht es los in die Emsmündung und dann zur westlichsten Insel Deutschlands – nach Borkum. Über zwei Stunden dauert die Fahrt. Gleich nach dem Emder Hafen öffnet sich der weite Blick in den Dollart. Bald geht es ins Wattenmeer. Die meisten Fahrgäste haben sich einen Platz an Deck gesichert. Borkum – und da strecken einige schon ihre Nasen in die Luft – hat Hochseeklima. Das ist besonders gut für Allergiker.

Früher, weiß ein ehemaliger Geschichtslehrer zu berichten, fuhren Segelschiffe von Greetsiel nach Borkum. Als die ersten Dampfschiffe von Emden zur Insel starteten, war es mit dem Segelschiffsverkehr bald zu Ende. Die ersten Besucher der Insel waren betuchte Bürger aus Emden. 1844 wurden die ersten Badeeinrichtungen gebaut. 1850 zählte Borkum 252 Gäste. Am Ende des 20. Jahrhunderts waren es über 200 000. Auch wenn die Anfänge eher bescheiden waren, so wurde doch damit Wohlstand geschaffen. Den hatte es nur in der Zeit des **Walfangs** gegeben. Im 18. Jahrhundert fuhren viele Borkumer unter niederländischer Flagge auf Walfangschiffen ins Nordmeer. Noch heute erinnern Zäune aus Walkiefern an einigen Häusern an diese Zeit. Mit dem niederländisch-englischen Krieg 1780 bis 1784 endete der Walfang. Viele Borkumer kamen in Gefangenschaft und die Insel verarmte. Gar nicht arm ist die Flora und Fauna der Insel.

Borkumer Schnucken-Schäferei

Norderreihe 23
26757 Borkum
Tel.: 04922/7429
www.schafaufborkum.de

Mein persönlicher Tipp

Wenn Sie auf Borkum sind, müssen Sie unbedingt einmal zur **Schnuckenschäferei** der Familie Müller. Weiße Moorschnucken und das holländische Drenste Heideschaap sowie einige Ziegen beweiden das Land und pflegen damit die einzigartige Insellandschaft. Es ist selten, dass man auf den Inseln noch Vollerwerbsbauern findet. Die meisten verdienen ihr Geld mit dem Tourismus. Monika und Christoph Müller sind mit Herzblut Schäfer und sie verkaufen Lammsalami, die 100 % Borkumer Herkunft ist. Die Schafe sind auf Borkum geboren, haben dort geweidet und sind auch auf der Insel geschlachtet worden. Also keine langen Wege und wirklich ein regionales Produkt. Aus der Wolle lassen die Müllers kuschelige Decken oder Stuhlkissen weben. Und wer wie ich gerne strickt, kauft sich die naturbelassene oder pflanzengefärbte Schafwolle für einen dicken Pullover, denn – der nächste Winter kommt bestimmt.

Borkum ist die artenreichste aller Ostfriesischen Inseln. Schon auf der Fahrt mit dem Zug nach Borkum Stadt sieht der Gast die Vielfalt. Zu den typischen Pflanzen gehören wie auf den anderen Ostfriesischen Inseln der Strandhafer sowie Sanddorn. Die Dünentäler sind häufig bewaldet. Das größte Waldgebiet ist dabei die künstlich aufgeforstete, etwa 60 ha große **Greune Stee** mit ihren Moorbirken, Schwarzerlen und Weiden. Zur Wattseite gibt es viele Salzwiesen. Auf den fruchtbaren Flächen weiden Rinder und Pferde.

Bei der Fauna liegt Borkum mit rund 5000 nachgewiesenen Tierarten an der Spitze der Inselkette. Auf Borkum leben 27 Säugetierarten. Einige davon wurden ausgewildert, wie Hase, Hirsch, Reh und Kaninchen. Der Igel ist wohl unbeabsichtigt auf die Insel gekommen. Mit voller Absicht sind die **Moorschnucken** nach Borkum gekommen. **Familie Müller** hat 2002 ihre Liebe zu der vom Aussterben bedrohten Tierrasse entdeckt. Christoph Müller beweidet mit den Tieren Deiche und Naturschutzflächen. Mit 13 Tieren begann die Zucht. Heute sind es gut 150 Schafe. Wenn die Lammzeit im Frühjahr beginnt, hat Monika Müller so manche schlaflose Nacht. Manche Muttertiere nehmen ihren Nachwuchs nicht an. Dann kümmert sich Monika um die Lämmer. Alle zwei Stunden gibt sie ihnen die Flasche. Oh, wie süß – hört sie dann häufig von den Gästen und denkt dabei – wenn ihr

In der Rekordzeit von nur sechs Monaten entstand auf Borkum 1879 der neue Leuchtturm. Bereits 30 Jahre vorher begann auf der Insel der Tourismus, der wirtschaftliche Sicherheit bescherte. Während der Saison bietet die Insel jede Menge Veranstaltungen, wie etwa das Drachenfest. Die Abendstunden gehören dem Sonnenuntergang.

Der kleine Leuchtturm – für die Besucher Borkums immer wieder ein beliebtes Fotomotiv, für die Seefahrer überlebenswichtig.

Das Dykhus mit dem Pottwalskelett und der Pavillon aus dem letzten Jahrhundert sind ein Muss für jeden Besucher.

Tourist-Info Borkum
Georg-Schütte-Platz 5
26757 Borkum
Tel.: 04922/933-0
www.borkum.de

nur wüsstet! Wenige Monate später geht es dann zur Schafschur – ein Knochenjob. Und wer genau hinsieht, stellt eigenartiges Verhalten bei den geschorenen Schafen fest. Sie meckern nicht nur, sie kämpfen plötzlich auch miteinander. Christoph erklärt den verwunderten Zuschauern, dass sich die geschorenen Schafe nicht mehr gegenseitig erkennen und eine neue Hackordnung in der Herde aufbauen müssen. Es soll ja auch Menschen geben, die man nach einem Frisörbesuch nur schwer wiedererkennt.

Einen herrlichen Weitblick über die Insel und die Nordsee hat man vom **Alten Leuchtturm** aus. Er wurde auf den ältesten Grundmauern der Ostfriesischen Inseln erbaut. Alte Seekarten beweisen, dass es hier schon im Jahre 1400 eine kleine Kirche gab. Dann funktionierten die Borkumer den Kirchturm um. Der Turm wurde zu einer Tagesmarke, die den Seefahrern half, rund um das gefürchtete Borkumriff zu steuern. Heute hat man von dort oben beides auf einen Blick: die Nordsee und ihre Historie. Denn der Alte Leuchtturm steht direkt auf dem historischen Borkumer Walfängerfriedhof. 1817 wurde der alte Borku-

mer Turm zum Leuchtturm mit Öllampen und Parabolspiegeln umgebaut.

Im Heimatmuseum **„Dykhus"** schaut der Besucher direkt ins Skelett eines gigantischen Meeressäugers. In der Wal-Halle können die Besucher das 15 Meter lange Skelett eines 35 Tonnen schweren Pottwals besichtigen, der in den 90er-Jahren auf Borkum gestrandet ist. Das „Dykhus" (Deichhaus) liegt nur wenige Meter vom Alten Leuchtturm entfernt auf einer Warft. Zwei hoch aufgerichtete Walkinnladen weisen den Weg ins Museum, wo in verschiedenen Abteilungen und Zimmern Borkumer Inselgeschichte erlebbar wird. Der Heimatverein hat viele Exponate zusammengetragen, die einen Einblick in die wechselvolle Geschichte der Insel bieten.

Der **Pavillon** steht auf Borkums Promenade am Nordbad und wurde 1911 erbaut. Mit dem Pavillon und der täglichen Kurmusik wurde die Promenade zum natürlichen Anziehungspunkt. Sehen und gesehen werden, hier flanieren sie alle. Bei Kaffee oder Wein in den Bars ringsum lassen es sich die Gäste gut ergehen. Klangvoll verabschiedet sich die Sonne über der Nordsee.

Der Autor

Achim Tacke wurde 1953 als Landwirtssohn in Goslar/Harz geboren. Die Schuljahre verbrachte er in Düren und Heidelberg. Ab 1972 studierte er Malerei und Film/Fernsehen an der Kunsthochschule Kassel. Anschließend erfolgte der Umzug nach München. Seit 1978 arbeitet er als freier Fernsehjournalist. Sein erstes Feature „Alltag im Revier – Bergarbeiterkunst" drehte er für den WDR; weitere Features und Dokumentationen folgten. 1979 Umzug nach Italien – Imperia. Weitere Filme für WDR, ZDF und NDR – u. a. „Kleines Fernsehspiel – Jungfrauen zum ersten …". Es folgten weitere Features über Italien für NDR, SWR und Arte.

1986 Umzug nach Hamburg. Vertrag mit dem NDR als fester freier Mitarbeiter. Nun galt es, Niedersachsen filmisch zu entdecken – vom Harz bis an die Nordsee, von der Elbe bis an die Ems. In dieser Zeit lernte er seinen Kollegen und Freund Ulrich Koglin kennen. Gemeinsam

entwickelten sie das Konz[...] tie – Im Norden unterwegs [...] im 17. Jahr erfolgreich lä[...] in die Lüneburger Heide[...] dann die Idee zur Serie „[...] die ebenfalls zwei Jahre e[...] Tackes Regie lief. Vor vier J[...] neben der „Landpartie" no[...] ner Serie mit dem Titel „Men[...] ser" – natürlich auch in Nied[...]

2011 erschien sein erste[...] Mord" im SWB Verlag, Stuttg[...] der Nordsee-Krimi „Friesen-M[...] Kinderbuch „Perlenäugelch[...] folgte der zweite Teil der Nords[...] „Der Salamimörder". 2014 ersc[...] te Teil „Ein Puff für Dangast", 2[...] Teil „Der Todesschrei des Kohl[...]

Seit acht Jahren lebt er m[...] bensgefährtin Sabine Herla in [...] Jadebusen.